そのまま使える！

0・1・2歳児 連絡帳の書き方＆文例BOOK

椛沢幸苗［監修］

ナツメ社

はじめに

保育は、子どもを中心として、家庭と園がしっかりと連携をとりながら進めていく必要があります。そのためにも、連絡帳を通じたやりとりで、家庭の様子と園の様子をお互いに共有しながら、子どもの成長・発達を見つめていくことが、よりよい保育には欠かせません。保育者が日々の保育の内容や、子どもがこれからどのように発達していくかを適切に伝えることも大切ですが、保護者の子育てに関する悩みや、保護者自身が直面している問題に対して、心情に配慮しながら答えていくことも、保護者と保育者が信頼関係を深めていくためには重要です。

本書では、子どもの成長の過程でよく見られる保護者からの相談や質問、保育者から伝えるべき事項をまとめ、連絡帳の書き方に迷った時や、保育者の思いを適切に伝える言葉が思い浮かばない時、保護者の思いに寄り添う言葉の選び方に迷った時にヒントとなる文例や、答え方のポイントを数多く取り上げています。連絡帳を書く時には、傍らに置いていただき、日々活用してもらえたらと思います。連絡帳が保護者との信頼関係を築くひとつのツールとして、よりよい形となっていく一助となれば幸いです。

社会福祉法人恵泉会
中居林こども園　理事長
椛沢幸苗

本書の使い方

本書では、連絡帳にまつわるさまざまな状況に対応できるよう、章ごとにテーマを変えて、文例や答え方、心がけのポイントを紹介しています。

Part1　年齢別　保護者からの相談・連絡への答え方

左ページには保護者からの相談や連絡としてよくある内容を掲載し、保護者の思いを解説しています。右ページには保育者としてどのように対応するとよいかを、そのポイントとともに紹介します。

テーマ

Part1は相談・連絡の内容に合わせて、右の3つのテーマで分けています。

健康・発達 子どもの健康や心身の発達に関する相談、報告など。

園での様子 園での生活についてたずねる質問、相談など。

家での様子 家庭での生活、子どもの様子についての相談､報告など。

答え方のポイント

保護者への返事を書く際に、心がけたいこと、伝え方のヒントをまとめています。

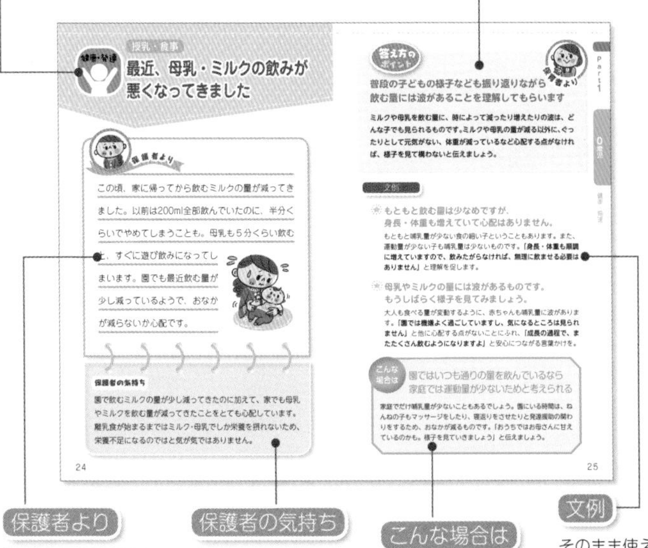

授乳・食事

最近、母乳・ミルクの飲みが悪くなってきました

保護者より

この頃、家に帰ってから飲むミルクの量が減ってきました。以前は200ml全部飲んでいたのに、半分くらいでやめてしまうことも。母乳も5分くらい飲むと、すぐに遊び飲みになってしまいます。園でも最近飲む量が少し減っているようで、おなかが減らないか心配です。

保護者の気持ち

園で飲むミルクの量が少し減ってきたのに加えて、家でも母乳やミルクを飲む量が減ってきたことをとても心配しています。離乳食が始まるまではミルク・母乳でしか栄養を摂れないため、栄養不足になるのではと気が気ではありません。

24

答え方のポイント

保育者より

普段の子どもの様子なども振り返りながら飲む量には波があることを理解してもらいます

ミルクや母乳を飲む量に、時によって減ったり増えたりの波は、どんな子でも見られるものです。ミルクや母乳の量が減る以外に、ぐったりとして元気がない、体重が減っているなど心配する点がなければ、様子を見て構わないと伝えましょう。

文例

もともと飲む量は少なめですが、身長・体重も増えていて心配はありません。

もともと哺乳量が少ない食の細い子ということもあります。また、運動量が少ない子も哺乳量は少ないものです。**「身長・体重も順調に増えていますので、飲みたがらなければ、無理に飲ませる必要はありません」**と理解を促します。

母乳やミルクの量には波があるものです。もうしばらく様子を見てみましょう。

大人も食べる量が変動するように、赤ちゃんも哺乳量に波があります。**「園では機嫌よく過ごしていますし、気になるところは見られません」**と他に心配する点がないことにふれ、**「成長の過程で、またたくさん飲むようになりますよ」**と安心につながる言葉かけを。

こんな場合は　園ではいつも通りの量を飲んでいるなら家庭では運動量が少ないためと考えられる

家庭でだけ哺乳量が少ないこともあるでしょう。園にいる時間は、ねんねの子もマッサージをしたり、寝返りをさせたりと発達援助の関わりをするため、おなかが減るものです。「おうちではお母さんに甘えているのかも。様子を見ていきましょう」と伝えましょう。

25

Part1

保護者より

保護者から連絡帳によく書かれる相談・連絡内容を掲載しています。

保護者の気持ち

書かれている内容からうかがえる保護者の思いを読み解きます。

こんな場合は

別の年齢で同じような質問があった場合の答え方、特に注意や配慮が必要な状況について紹介します。

文例

そのまま使える文例です。解説文の中で太字と下線で強調しているのは言い換え例です。

Part2 園での子どもの様子の伝え方

保育者の側から子どもの様子を伝える際、ヒントになる文例を場面ごとに紹介します。左ページでは、年齢別のポイントもしくは心がけのポイントを掲載し、右ページでは、年齢別もしくは心がけのポイントごとに文例を紹介しています。

Part3 よくある連絡帳の悩みへの対応例

連絡帳に関連して、保育者の悩みになりやすいケースへの対応の仕方を掲載しています。左ページには保育者が抱くことの多い悩みと対応する際の心がけを、右ページには連絡帳で返答する際の文例、対応が難しい際にどうしたらよいかを解説しています。

Part 3は「よくある保育者の連絡帳の悩み」をテーマにしています。

保護者とのやりとりにおける困りごとや、連絡帳に関するよくある悩みをピックアップして紹介します。

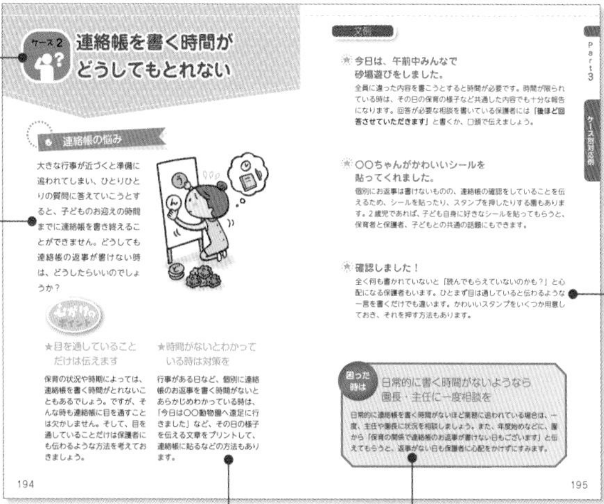

ケース2 連絡帳を書く時間がどうしてもとれない

連絡帳の悩み

大きな行事が近づくと準備に追われてしまい、ひとりひとりの質問に答えていこうとすると、子どものお迎えの時間までに連絡帳を書き終えることができません。どうしても連絡帳の返事が書けない時は、どうしたらいいのでしょうか？

★目を通していることだけは伝えます

保育の状況や時期によっては、連絡帳を書く時間がとれないこともあるでしょう。ですが、そんな時も連絡帳に目を通すことは欠かしません。そして、目を通していることだけは保護者にも伝わるような方法を考えておきましょう。

★時間がないとわかっている時は対策を

行事がある日など、個別に連絡帳のお返事を書く時間がないとあらかじめわかっている時は、「今日は〇〇動物園へ遠足に行きました」など、その日の様子を伝える文章をプリントして、連絡帳に貼るなどの方法もあります。

194

文例

今日は、午前中みんなで砂場遊びをしました。

全員に違った内容を書こうとすると時間が必要です。時間が限られている時は、その日の保育の様子など共通した内容でも十分な報告になります。回答が必要な相談を書いている保護者には**「後ほど回答させていただきます」**と書くか、口頭で伝えましょう。

〇〇ちゃんがかわいいシールを貼ってくれました。

個別にお返事は書けないものの、連絡帳の確認をしていることを伝えるため、シールを貼ったり、スタンプを押したりする園もあります。2歳児であれば、子ども自身に好きなシールを貼ってもらうと、保育者と保護者、子どもとの共通の話題にもできます。

確認しました！

全く何も書かれていないと「読んでもらえていないのかも？」と心配になる保護者もいます。ひとまず目は通していると伝わるような一言を書くだけでも違います。かわいいスタンプをいくつか用意しておき、それを押す方法もあります。

困った時は 日常的に書く時間がないようなら園長・主任に一度相談を

日常的に連絡帳を書く時間がないほど業務に追われている場合は、一度、主任や園長に状況を相談しましょう。また、年度始めなどに、園から「保育の関係で連絡帳のお返事が書けない日もございます」と伝えてもらうと、返事がない日も保護者に心配をかけずにすみます。

195

連絡帳の悩み

保護者とのやりとりや、その他連絡帳について、保育者が感じることの多い悩みを紹介します。

心がけのポイント

対応する際に、念頭においておきたいポイントを大きく2つにしぼって紹介しています。

困った時は

特に対応が難しい場合や、連絡帳でのやりとり以外に対応が必要な場合、どのようにすればよいかを紹介しています。

文例 または **対応例**

それぞれのケースへ連絡帳で対応する際に使える文例を紹介しています。

もくじ

1日の様子

行事

人との関わり

連絡帳の役割

保護者と園の信頼関係を築くツールのひとつです

子どもの健やかな成長のためには、保護者と園の連携が欠かせません。子どもの育ちについて、互いの思いを伝え合い、信頼関係を築いていくためのツールのひとつが連絡帳です。毎日やりとりを積み重ねていくことは大きな意味がありますが、連絡帳はあくまでもツールのひとつと考え、送り迎え時の会話、おたよりなど、他のツールも使い分けながら、保護者とのコミュニケーションをはかりましょう。

連絡帳の役割を理解したうえで書くようにします

0歳児～2歳児では、体温や哺乳量・食事量、排泄(はいせつ)についても毎日やりとりをします。それに加えて、家庭での様子を聞かせていただいたり、園での様子を伝えたりすることで、保護者、保育者それぞれの子どもに対する理解が深まっていきます。最近は、紙の連絡帳だけでなく、連絡帳アプリを使う園も増えてきていますが、文章で様子を伝えるという意味では同じです。連絡帳の役割を理解しておくことで、伝えるべきことがわかってくると思います。

役割1 スムーズに園生活を送るための助けとなります

連絡帳を通じて、子どもが家庭では誰とどのように過ごしているのかを知ることで、保育がしやすくなります。また、送り迎えの際に口頭で伝えきれなかった、持ち物のお願いなどについても、連絡帳で保護者に伝えることができます。園生活で必要なお願いは、適宜連絡帳に記入して、保護者に協力を求めていきましょう。

役割2 保護者と保育者が子どもの成長の喜びを分かち合えます

保育者が子どもの保育を通じて感じたことを書くことで、保護者と気持ちを共有することができます。送り迎え時のちょっとした会話に加えて、連絡帳でのやりとりが、互いの距離を縮めることに。また将来的には、連絡帳につづられた子どもの成長の様子が、かけがえのない育児の記録として残っていきます。

役割3 保護者の悩みや不安に答えることで育児のサポートにつながります

保護者にとって、自分の子どものことをよく知ってくれている保育者は、とても身近な子育ての相談ができる人です。子育てについての悩みが書かれていた時は、プロとしての適切なアドバイスを書くことで、保護者は安心して子育てをすることができ、子どものよりよい育ちや保育者との信頼関係にもつながります。

書く時に心がけたいこと

「よかったこと」にポイントをおいて書きます

保育では、子どものよいところに着目し、そこを伸ばしていくことが求められます。保育者が気づいた子どものよい面を連絡帳に書いて共有することで、保護者の育児のモチベーションも上がります。成長後も保護者の手元に残るものなので、できるだけ前向きな内容を書きたいものです。

保護者の思いを引き出すような言葉かけを

保護者が日々どんな気持ちで子育てをしているか、普段の会話の中ではなかなか知る機会がないものです。連絡帳でのやりとりを通じて、保護者の思いを引き出すような工夫ができるとよいでしょう。そのためにも、保育者からも「こんな表情を見られてうれしく思いました」など、思いを書き添えるようにします。

その日のポイントになることはひとつにしぼりましょう

日によっては、保護者に伝えたいことがたくさんあるかもしれません。ですが、保護者も慌ただしい子育ての合間で連絡帳を確認しているので、特に伝えたい出来事ひとつにしぼって書いたほうが、思いも伝わるでしょう。なぜその出来事を取り上げたのか、理由も書き添えておきます。

子どもの成長を喜ぶ権利は保護者を優先しましょう

子どもから、たくさんの感動や感激をもらえるのは、保育者の仕事のやりがいでもあります。ですが、本来は保護者にこそ、その喜びをたくさん味わってほしいもの。ハイハイをした、立った、歩いたなど、保護者が心待ちにしている「初めての瞬間」は、兆候を連絡帳で伝えるようにします。

成長の次のステップもお知らせしましょう

子どもの成長について、「次のステップに向けて、園ではこんなことをしています」と伝えられるのは、保育のプロである保育者ならでは。先の見通しができることで、保護者も安心して子育てをすることができます。保育の知識や経験を連絡帳でも活かせると、保護者の信頼につながります。

気をつけたい NGポイント

保護者の子育て、思いを否定しない

ときには、保育者から見て望ましくない子育てをしている保護者もいるでしょう。ですが、それも保護者なりの思いがあってのこと。「それはいけません」と否定するのではなく、「こうしてはいかがでしょうか？」と提案する形にします。

絵文字を使うなど、くだけすぎた表現をしない

保護者が絵文字を使うようなら合わせて少し使ってもかまいませんが、絵文字やくだけた表現は誤解を生むこともあるため、細心の注意が必要です。

トラブルがあっても個人名は伝えない

子ども同士のトラブルがあったことを伝える場合、相手の子どもの名前を書いてしまうと、保護者同士の問題に発展することがあります。相手の名前は書かずに伝えるようにしましょう。

出来事の羅列で終わらない

「今日は外遊びをしました」「その後、昼食を食べました」と、出来事を羅列するだけでは保育の様子を思い浮かべることが難しいです。特に伝えたい出来事ひとつにしぼり、子どもの様子、保育者の思いを添えましょう。

Part1

年齢別　保護者からの相談・連絡への答え方

子どもの年齢ごとに、保護者の気がかりや心配事、またそれに対する答え方は少しずつ変化していきます。連絡帳に書かれた内容から保護者のメッセージを読み取り、保護者の子育てへの不安に寄り添う返事を書くようにしましょう。

おぼえておきたい 0歳児のポイント

成長が著しい時期ですが、そのスピードの差も大きいです

０歳児は、１年の間にねんねだった子が立って歩こうとするようになるなど、著しい成長が見られる時期です。ただ､その成長のスピードはひとりひとり全く違います。入園時でさえ、寝ているだけの子から、歩きかけている子までいるのですから、「○○ちゃんはこれができるけど、△△ちゃんはまだできない」と、他の子と比べるのは全く意味がありません。あまり神経質にならず、大きな気持ちで様子を見守る心構えが大切です。

ひとりひとりの成長に目を向けます

どの子もスクスク成長していきます。ただ、個人差が大きいので、あまり平均にとらわれないほうがいいでしょう。「もう7カ月なのにハイハイしないのはおかしい」とは考えず、早く成長する子とゆっくり成長する子を見極め、その子自身の成長を見守りましょう。

健康状態の確認は欠かさずに

０歳児の連絡帳の主な役割は、哺乳量や食事量、排泄の回数や状態、睡眠時間など、健康状態を記録して伝えることです。哺乳量や食事量の増減だけでなく、機嫌のよさや顔色などもよく観察し、健康状態に変化が見られる時は、適切な対応と報告が欠かせません。

育児初心者である保護者への配慮を

子どもが第一子だと、保護者もまだ育児が始まったばかりで、保育者にとっては当たり前だと思うような質問もたくさんあるかもしれません。「様子を見ていきましょう」「園でも成長を促すように働きかけていきます」と、保護者が安心できるような言葉かけを心がけます。

園でも母乳中心で育てていきたいのですが

入園してから園ではミルクを与えていただいていると思うのですが、赤ちゃんはできる限り母乳で育てたほうがいいという話を聞き、園でも搾乳した母乳を飲ませていただけないかと思っています。今からでも母乳に変更していただくことは可能でしょうか？

保護者の気持ち

入園時は慌ただしくしていたものの、落ち着いて考えてみたり、どこかで専門家の話にふれたりして、母乳が十分に出ている間は、保育園にいる時も母乳を飲ませたいと思い直したのでしょう。園で対応が可能か聞きたがっています。

保育者より

園に受け入れ体制があれば協力姿勢を伝え母乳を預かるための決まりなどを共有します

園に母乳を預かる設備や体制があるなら、授乳で主な栄養補給をする間は、ぜひ園でも母乳を飲ませたいものです。園ごとに搾乳した母乳を預かる際の規定があると思いますので、それについてまとめた別紙などを共有するとわかりやすいでしょう。

文例

母乳で育てられるのはとてもいいことです。できる限り協力しますのでがんばりましょう。

たびたび搾乳したものを持参してもらうのは、すでに仕事復帰をしているお母さんにとっては負担が大きいものです。それでも母乳を飲ませる機会を増やそうと決意されたことは大いに喜び、園としても応援し、支えていく気持ちがあることを伝えましょう。

園で母乳をお預かりする際にお願いしなければならないことがあります。

母乳で育てるのは喜ばしいことですが、園の環境によって搾乳したものをどのように持参してもらうか、飲み切れなかったものをどうするかなど規定があると思います。それらをわかりやすく提示し、守っていただかないと対応が難しいことは理解してもらいます。

こんな場合は

設備の問題で母乳を預かれないなら家庭でもミルクを与える機会をつくってもらう

園で母乳を預かれない場合は、「お気持ちはとても理解できるのですが、園に母乳をお預かりする環境がなく申し訳ありません」と丁寧に伝えます。園でミルクをスムーズに飲めるよう、家庭でも少しずつミルクを飲む機会をつくってもらうようお願いするといいでしょう。

搾乳がうまくできなくて困っています

園でも母乳を飲ませてもらうため搾乳を続けているのですが、私のやり方がよくないのか、母乳の出が悪いのか、なかなかスムーズに搾乳ができません。30分くらいかけてがんばっても50mlにも満たなくて、これでは母乳を与える意味がないのではと思っています。

保護者の気持ち

園でも母乳を飲ませたいと思うものの、搾乳に苦労しています。苦労のわりに思っているような量が搾乳できず、落ち込む気持ちも。搾乳してまで母乳を飲ませなくてもいいのではと、あきらめの気持ちも少し出てきているのかもしれません。

保護者の相談の真意をさぐりながら対面でのアドバイスを試みます

母乳を飲ませたいという保護者の気持ちは素晴らしいですが、ストレスを感じるのであれば、園にいる間はミルクに切り替えても問題ないですよね。まだ搾乳をがんばりたいと思っているならうまく搾乳できるよう支援し、やめたいと思うならその気持ちを受け入れます。

文例

お母さんは母乳を続けたいですか？難しければミルクに切り替えても。

お母さんがどうしたいのかがとても重要です。**「園ではミルクを飲ませて、母乳はおうちにいる時間にたっぷり与えるのでも、十分に母乳の役割は果たせると思いますよ」**と伝えることで、搾乳を気負いすぎてストレスになっていた保護者は安心できます。

お母さんのお時間のある時に園で一緒にやってみませんか？

なぜ搾乳がうまくいかないのかを連絡帳のやりとりだけで理解し、解決するのは難しいものです。**「お使いの搾乳器をお持ちいただけたら、使い方のアドバイスなどもできると思います」**と提案します。使い方の問題なのか、母乳量が少ないのかが判明するでしょう。

母乳の出る量が少ないようなら一度保健師さんなどにご相談してみては？

原因が搾乳の方法ではなく、お母さんの母乳の量が十分でないと思われる場合は、産婦人科医や助産師さん、保健師さんなど、母乳ケアの専門家につなげるのがいいでしょう。自治体や園でつながりのある医療機関がわからなければ、園長・主任など管理職に確認します。

授乳・食事

最近、母乳・ミルクの飲みが悪くなってきました

この頃、家に帰ってから飲むミルクの量が減ってきました。以前は200ml全部飲んでいたのに、半分くらいでやめてしまうことも。母乳も５分くらい飲むと、すぐに遊び飲みになってしまいます。園でも最近飲む量が少し減っているようで、おなかが減らないか心配です。

保護者の気持ち

園で飲むミルクの量が少し減ってきたのに加えて、家でも母乳やミルクを飲む量が減ってきたことをとても心配しています。離乳食が始まるまではミルク・母乳でしか栄養を摂れないため、栄養不足になるのではと気が気ではありません。

保育者より

普段の子どもの様子なども振り返りながら飲む量には波があることを理解してもらいます

ミルクや母乳を飲む量に、時によって減ったり増えたりの波は、どんな子でも見られるものです。ミルクや母乳の量が減る以外に、ぐったりとして元気がない、体重が減っているなど心配する点がなければ、様子を見て構わないと伝えましょう。

文例

もともと飲む量は少なめですが、身長・体重も増えていて心配はありません。

もともと哺乳量が少ない食の細い子ということもあります。また、運動量が少ない子も哺乳量は少ないものです。**「身長・体重も順調に増えていますので、飲みたがらなければ、無理に飲ませる必要はありません」**と理解を促します。

母乳やミルクの量には波があるものです。もうしばらく様子を見てみましょう。

大人も食べる量が変動するように、赤ちゃんも哺乳量に波があります。**「園では機嫌よく過ごしていますし、気になるところは見られません」**と他に心配する点がないことにふれ、**「成長の過程で、またたくさん飲むようになりますよ」**と安心につながる言葉かけを。

こんな場合は

園ではいつも通りの量を飲んでいるなら家庭では運動量が少ないためと考えられる

家庭でだけ哺乳量が少ないこともあるでしょう。園にいる時間は、ねんねの子もマッサージをしたり、寝返りをさせたりと発達援助の関わりをするため、おなかが減るものです。「おうちではお母さんに甘えているのかも。様子を見ていきましょう」と伝えましょう。

授乳・食事

そろそろ離乳食を始めたほうがいいのでしょうか

最近、親が食事をしているのをじーっと見て、口をパクパク動かしてよだれを垂らすようになりました。そろそろ離乳食を始めてもいいのでしょうか？園では何カ月になったら始めますか？　家庭で準備を進めたほうがよいことがあれば教えていただきたいです。

保護者の気持ち

子どもが食事に興味をもつ様子がわかり、そろそろ離乳食を始めなければいけない時期だと感じています。ただ、第一子の場合、何からどう始めていいのかわからないため、園の様子を聞きつつ、詳しく教えてもらいたいと思っているようです。

保育者より

子どもの月齢、様子から適切と判断するならできるだけ具体的に家庭で行うことを伝えます

離乳食を始める月齢や基準は園によって異なりますが、子どもの月齢、様子から離乳食を始める時期が来たと判断したのであれば、園から保護者にお伝えします。最初は家庭で食材を試してもらうのが大前提なので、うまく連携できるよう進め方は丁寧に伝えましょう。

文例

園でもお友だちの食事に興味津々です。そろそろ始めてもいい時期ですね。

クラスで離乳食を食べているお友だちの食事に興味を示していて、月齢やその他の発達が十分であれば、離乳食を始めてもいいと判断できます。保護者から相談がある前に、**「このような様子が見られますので、そろそろ離乳食を始めてもいいと思います」**と提案しても。

まずは、スプーンで重湯を口に入れることから、おうちで練習してみてください。

離乳食は家庭で試して問題がなかった食材を園でも食べさせていくことになります。**「こういう食材をこういう形にして、少しずつお口に入れる練習をしてください。おうちで食べられたものから園でも食べさせますね」**と、まずは家庭が先であると理解してもらいます。

こんな場合は

保護者が乗り気ではない場合はしばらく様子を見てまた声をかける

園が「そろそろ離乳食を」と提案しても、面倒に感じて「まだいいです」と断ってくる保護者も。「動きも活発になっているので、おなかが減っているようです」などと伝えますが、気持ちが変わらないようであれば無理強いはせず、様子を見てまた声をかけましょう。

健康

すぐに熱を出すのはどうしてなのでしょうか

ようやくお熱が下がったので、今日から登園させます。先週もお熱が出て２日お休みしましたが、今週もまた…。今月は、１週間すべて登園できた週がまだないことに気がつきました。こんなにたびたびお熱を出すのは、体が弱い子だからでしょうか？

保護者の気持ち

復職したものの、たびたび子どもが熱を出すため、園から呼び出されたり、仕事を休みがちになったりしています。子どもの体調も心配ですが、復職早々に早退や休みを取るのは肩身も狭く、保育園に入れるのが早すぎたのかと落ち込んでいます。

保育者より

保護者のつらい立場には最大限寄り添いながら今は「免疫を獲得している時期」だと伝えます

入園したての子どもがたびたび発熱するのは珍しくありません。さまざまな菌やウイルスに感染することで、少しずつ免疫をつけていく大事な時期です。ですが、そのたびに仕事をお休みすることになる保護者のつらい気持ちには、できる限り寄り添わなければいけません。

文例

今日は登園できてよかったですね。お父さんも看病お疲れさまでした。

まずは熱が下がって登園できたことを保育者も喜んでいることを伝えます。**「久しぶりの園でしたが、お気に入りのおもちゃを見つけて遊んでいましたよ」**など、園で楽しく過ごせたこともお伝えするといいでしょう。看病をしていた保護者にもねぎらいの言葉を忘れずに。

お医者さんにも相談していただき、問題がない時は登園して構いませんよ。

０歳児は平熱も高いため、熱があっても元気に過ごしていることもあります。医師の診断を受けて「登園しても構わない」と判断されたようであれば、受け入れるような柔軟さはあってもよいと思います。園で医師の診断書などが必要な場合は、それもお願いしましょう。

今は免疫を獲得している時期です。１年もすれば体力がついてきます。

たびたび熱を出すのは、子どもの体が弱いせいや、保育園に預けるのが早すぎたせいではなく、免疫を獲得していく大事な段階だとお伝えしましょう。今の状況がつらい保護者の耳には届きにくいかもしれませんが、自分を責める気持ちは多少やわらぐでしょう。

ずっと風邪をひいていて鼻水がなかなか止まりません

先月末にお熱を出してから鼻水が続いています。夜は鼻がつまって苦しそうなので、時々吸引器を使っています。熱はなく、食欲もいつも通りなので、預かっていただいてもいいでしょうか？　改めて小児科で受診したほうがいいのかと悩んでいます。

保護者の気持ち

熱はないものの、鼻水が出ているので風邪の状態は続いており、体調が万全ではないと理解しています。ただ、登園させず保護者も仕事を休み続けることになるのは困るところ。登園してもいいかの判断、再受診をするべきかの判断で困っています。

保育者より

医師の診断が欠かせないと伝えつつ 子どもの機嫌や調子から判断することを共有

熱があることは体調不良のひとつの目安ですが、特に０歳児はそれだけで判断できない部分が大きいです。最終的には医師に診断してもらうのが園としても安心なので、そこはお願いしつつ、機嫌のよさや活動量、食欲などから、総合的に判断することを伝えます。

文例

お熱がなくてもぐったりしている時は、直後に体調を崩すことが多いです。

鼻水が出ていても、顔色がよく、元気に遊べているなら特に心配はないでしょう。ぐったりと元気がない時は、直後にお熱が出る可能性も。**「受け入れの際に元気がない時は、お預かりした後で、お熱が出たとご連絡するかもしれません」**と伝えておきましょう。

受診した際に、登園しても問題がないか、一度聞いていただけますでしょうか。

「鼻水が続いて苦しそうなら、小児科の先生にご相談してもいいかもしれません」と提案し、**「その際に、保育園に行ってもいいか聞いてみていただけますか？　問題ないようであれば、園でも安心してお預かりできます」**と、医師の診断が重要なことを理解してもらいます。

こんな場合は

座薬で熱を下げていたことがわかっても保護者を追及せず通常通りの対応を

まれに、座薬で一時的に熱を下げた状態で子どもを登園させる保護者がいます。座薬の効き目がきれると、一気に熱が上がるのでわかるものです。その際も「お母さん、座薬を使いましたね？」と責めたりはせず、お迎えに来てもらい、園に来てからの様子をお伝えします。

初めて寝返りしたところを見られなかったのでは

最近になって、寝返りをしようとする意欲が高まってきました。昨日もお風呂の後、もうちょっとのところまでいったのですが、回り切らずにあきらめてしまいました。急に上達したように感じますが、もしかして園ではすでに寝返りをしているのでしょうか？

保護者の気持ち

ねんねからの成長として、最初の大きな第一歩となる寝返りを、今か今かと待ち望んでいます。家庭ではほとんど発達支援ができていないのに上達している様子を見て、親が見るよりも前に、園で最初の寝返りをしてしまったのではないかと疑っています。

もし園ですでに寝返りをしていても それは伝えず、支援の方法を書きます

特に第一子の場合、子どもの「初めて」の瞬間を大切にする保護者が多いです。寝返りは「初めての大きな動き」であり、楽しみにしている保護者も。仮に園で寝返りをしたとしても、保護者から「寝返りをした」と報告されていないなら、伝えないほうがいいものです。

文例

そうですね。そろそろ園でも寝返りしそうです。ぜひ、おうちでの様子を見ていてくださいね。

園でも家庭と同じように、今にも寝返りをしそうな状況であるということでお伝えします。**「私たちも〇〇くんが寝返りをするのを、とても楽しみに待っています」**と、保育者も楽しみにしていることを伝えると、家庭で寝返りをしたらすぐに報告してくれるでしょう。

少し手を添えて背中を傾けてみてください。コロンッといくかもしれません。

園では保育の中で、寝返りを促すような支援を行っていると思います。どんなことをするといいのか、保護者にも共有しておきましょう。保護者が適切な支援を行うことで、家庭で寝返りをするところを早く見られるようになると思います。

こんな場合は

先に園で寝返りをしたと知られた時は保育者も喜んでいることを強調する

何かのはずみで、先に園で寝返りをしていると伝えてしまったら、「お母さんお父さんの“初めて”をいただいてしまいました！　ごめんなさい」と謝りながら、「私たちもうれしくて、ついお話ししてしまったんです」と、うれしい気持ちであることを強調しましょう。

授乳・食事

食物アレルギーがあるのではと心配しています

昨日、夕飯の時に口に入れたものを、とても嫌そうな顔をして、べーっと口から出してしまいました。お風呂に入る時に、首のあたりが赤くなっているようにも見えました。もしかしたら、食物アレルギーがあるのかもしれません。園でも食べさせないでほしいです。

保護者の気持ち

子どもに食物アレルギーがないかは、保護者にとって気になる点です。食べ慣れない食材を食べさせた時に拒否するような様子を見たのと、皮膚症状らしきものが見られたことで、子どもが何らかの食物アレルギーではないかと慌てています。

心配する気持ちには共感しながら医療機関で受診するようにすすめます

子どもにアレルギー症状らしきものが見られて心配する保護者の気持ちには共感することが大切ですが、食物アレルギーがあるかどうかを判断し、園での食事について対応するには、医療機関での診断が欠かせません。心配がある時は、早急な受診をお願いします。

文例

それは大変ですね。どんな食物に対して、どんな反応が見られるでしょうか？

連絡帳に書かれた内容だけではアレルギーの詳細がわからない時には、どんな食物にどんな反応があったかを確認しておきましょう。そのうえで、気になる食材の提供を一時中止し、医師の診断書の提出を受け、必要であれば、正式に除去食の対応をとります。

すぐにお医者さんに何のアレルギーか診断してもらったほうがいいですね。

子どもが嫌がって食物を口から出すのを、アレルギーと捉えてしまう保護者も。ですが、湿疹などの皮膚症状も実は食物が原因ではなく、あせもなど別の可能性も考えられます。保護者だけの訴えで対応するのではなく、医療機関に診断してもらうのが必須になります。

こんな場合は　園でアレルギーと思われる症状が出たら保護者に報告し、家庭でも食べさせてもらう

保護者から大丈夫と聞いていた食材を園で食べさせたらアレルギー反応が。実は保護者が食べさせていなかったか、別の食材が原因かもしれません。保護者に報告し、医師の診断で食べてもよい食材であれば、まずは体調のいい時に家庭で試してもらい、様子を見ましょう。

健康

おむつかぶれがなかなか治りません

土曜の夜、お風呂に入る時におしりがかぶれて赤くなっているのに気がつきました。おしっこの時にそのままにしているのがよくないかと思い、おしっこの時もおしりを拭くようにしてみたのですが、赤みが取れないままです。いつからかぶれていたのでしょうか。

保護者の気持ち

時間のある休日に、じっくり子どものおしりを見ると、赤くかぶれているのに気づき驚いています。できる限りの対応をしたものの、すぐには症状が改善されず、もしかすると、園では以前からかぶれに気づいていたのではと、少し疑いの気持ちも。

保育者より

家庭に原因があると思われても追及せず 園での状況、行っている対応を共有します

０歳児のうちは、決まった間隔でおむつ交換をする園がほとんどかと思います。そのため、保育園がお休みの間に家庭でおしりがかぶれることが圧倒的に多いです。ただ、そこは原因を掘り下げず、園での状況や、おむつかぶれの対応を共有しておくのが最善でしょう。

文例

そうなのですね。おむつをこまめに交換し、お湯でしぼったタオルで拭いてみてください。

まずは保護者の驚き、悲しみに寄り添った言葉かけをしたうえで、おむつかぶれへの対応を伝えます。市販のおしり拭きを使っている家庭が多いと思いますが、おむつかぶれがある時は、お湯でしぼったタオルで丁寧に拭くのが、最も肌に刺激がありません。

園では、１時間に１回はおむつ交換をしています。金曜日に見た時は、特に異常がなかったのですが…。

園ではおむつかぶれがないように、こまめにおむつ替えを行っていることを、ありのままお伝えしましょう。また、おむつかぶれにしても、おむつ替えのたびに確認していることと思います。園では確認をして、異常がなかったことも伝えておいたほうがよいでしょう。

おうちでされている対応を教えてください。園でも注意して見ていくようにいたします。

保護者が明らかに「園のせいでおむつかぶれが治らない」と思っているようであれば、家庭で行っている対応を聞かせてもらいましょう。家庭で塗っている薬や使っているおむつのメーカーを聞いて、園でも合わせられるものは合わせるようにします。

そろそろ断乳したほうがいいのでしょうか

保育園の生活にも慣れてきて、子どもも毎日楽しく過ごせているようです。園では哺乳瓶も嫌がらず、ミルクもたくさん飲んでくれているようで安心しています。家ではまだ母乳も飲ませているのですが、そろそろ断乳したほうがいいのではと思っています。

保護者の気持ち

子どもの成長のためには、いつまでも母乳を飲ませるのでなく、早めに断乳させたほうがいいのではないかと考えています。ただ、連絡帳に書いてくるということは、本当に断乳してしまってもいいものか、保育者の意見も聞きたがっているようです。

保育者より

相談があった子どもの月齢に応じて親子ともに無理がないような対応をすすめます

保護者にとって母乳を与えることが負担でないなら、子どもから卒乳するまで母乳を続けるのはメリットがあると思われます。ただ、すでに離乳食が始まっていて、そちらで栄養が摂れているなら、少しずつ卒乳に向けて努力することも伝えていいかもしれません。

文例

そうですね。離乳食もそろそろ始まりますし、お母さんがいいようなら少しずつ始めましょうか。

離乳食が始まる頃になると、母乳に含まれる栄養も減っていくものです。**「離乳食が２回食になり、母乳・ミルク以外からの栄養がしっかり摂れる時期が来れば、もう断乳しても大丈夫です」**と伝え、そこに向けて少しずつ準備を進めていけばいいと理解してもらいます。

離乳食のことも含めて詳しくお伝えしたいので、一度お迎えの時にお話ししませんか？

断乳を進めていくのは、離乳食を進めるのとセットになります。どちらも連絡帳のやりとりだけで伝えるのは難しいため、口頭で話す時間をとってもらうのがおすすめです。保護者の断乳希望が３カ月頃などあまりに早い場合も、顔を見てお話ししたほうがいいでしょう。

○○くんがほしがるようなら、無理に離さなくても大丈夫です。時期を見て進めていきましょうか。

相談があったのが、食事で栄養が摂れる１歳過ぎだった場合でも、すぐに断乳しなくても構いません。保護者にまだ続けたい気持ちがあるようなら、**「絶対いつまでに断乳しなければならないということはありません」**と伝えると、とても安心されるでしょう。

いつまでもハイハイをするようになりません

まだハイハイをする気配が感じられません。家でも時々うつぶせにして、おもちゃで誘ったりしているのですが、手を伸ばして届かないとあきらめてしまいます。おすわりさせるとご機嫌なので、おすわりばかりさせているのが原因でしょうか？

保護者の気持ち

同じくらいの月齢のお友だちはもうハイハイで移動しているのに、自分の子どもはずりばいをする様子も見られず、大丈夫なのかと心配しています。家庭での遊ばせ方や関わり方に原因があるのではと思い、保育者から意見をもらいたいようです。

保育者より

ハイハイをする時期は個人差が大きいと伝えながら、ハイハイを促す援助も共有します

ハイハイをする時期は個人差がとても大きく、子どもによってはハイハイをしないままつかまり立ちを始めることも。ただ、ハイハイは腹筋や背筋が育つなど、心身の発達にはとても大事な動きです。園で行っているハイハイを促すような遊び方を伝えましょう。

文例

ハイハイがゆっくりな子かもしれません。あまり慌てず、じっくりやっていきましょう。

保育者から見て身体機能などに異常がないようなら、ハイハイがゆっくりな子なのでしょう。いつ頃ハイハイをするかは、発達の個人差が大きいところなので、**「ハイハイが遅いことはそんなに心配いりません」**など、安心できるような言葉かけをしましょう。

練習をさせるというよりも、ハイハイをしたくなるような遊びが有効です。

早くハイハイをさせたいあまり、無理やり練習させる保護者も。**「おうまさんごっこなど、ハイハイで移動するような遊びを行って、周りのお友だちがハイハイするところを見せています」**と、園でどうやって遊びとしてハイハイを取り入れているかを共有します。

園では、うつぶせになって顔をあげるような遊びをよくやっています。

園で行っているハイハイを促す援助は、ぜひ保護者に伝えましょう。**「うつぶせのポーズをとって前に進もうとしている時は、そっと手のひらで足の裏を押すと、ハイハイで前に進む感覚をつかみやすくなります」**など、さまざまな援助があるはずです。

登園時に、大泣きすることが続いていて心配です

登園して、先生にお預けした時に泣いてしまうのはいつ頃まで続くのでしょうか。今日も園に着くまではニコニコ笑っていたので、大丈夫かなと思っていたのですが、やはり泣いてしまいました。毎日泣いてしまうのが心苦しく、申し訳ない気持ちです。

保護者の気持ち

朝、登園して保育者に預けた後に子どもが泣いてしまうことが続いていて、子どもに申し訳ない気持ちを抱えながら仕事に向かっています。保育者にも気まずさがありますが、こんなに泣き続けるのは、何か園に問題があるのではという思いも。

保育者より

保護者が園を信頼できるような言葉かけと子どもが園生活を楽しむ様子を伝えます

登園し、保育者が受け入れた後に泣いてしまうのは、多くの子どもに起こることです。ですが、たいていは保護者の姿が見えなくなると、気持ちを切り替えて楽しく遊んでいるものです。そのことを伝え、保護者が園を信頼するようになれば、子どもも安心できるでしょう。

文例

お父さんが大好きなので、環境の変化をなかなか受け入れられないのかもしれません。

登園後に泣くことがいつまで続くのかは、子どもの性格によります。何年も続く子もいますし、一度落ち着いたはずが、何かのきっかけで、また毎朝泣く子もいます。ただ、保護者に対しては、**「いずれ泣きやむ日が来ますので、あまりご心配なく！」**と強調しておきます。

お母さんが仕事に行った後は泣きやみ、保育者が設定した遊びを楽しんでいました。

受け入れ時に泣く子も、保護者が去った後は機嫌よく過ごしているのですが、お迎えの際、保護者の顔が見えると、安心感からかまた泣き出すことが。保護者からすると「いつも泣いている」という印象に。そんなことはなく、園では楽しく過ごしていることを共有します。

お母さんが不安に思うと、お子さんも不安になります。どうぞ安心して預けてくださいね。

保護者が園に子どもを預けることを不安に思っているため、それが子どもに伝わっていることも。「不安にならないでください」と言っても難しいものですが、保護者が園を信頼できるように、**「気になることがあれば、何でもご相談くださいね」**などの言葉かけをします。

発達

人見知りや後追いをして迷惑をかけていませんか

先日、久しぶりにパパの両親が遊びに来てくれたのですが、○○が人見知りで大泣きしてしまい、抱っこもさせてあげられず申し訳なかったです。人見知りだけでなく、後追いも激しくて困っています。園でも人見知りや後追いをして、先生を困らせていませんか？

保護者の気持ち

祖父母にかわいい孫との時間を満喫してもらうはずが、人見知りでそれがかなわず困惑しています。また、頻繁に後追いしてくるのも、保護者にとって負担に。園でも人見知りや後追いをして、保育に支障があるのではと心配しています。

保育者より

人見知りや後追いは発達の一段階と強調し 保育者にとっては当たり前のことだと伝えます

保育者は、子どもの人見知りや後追いを、順調に成長・発達していることの表れと理解していますが、初めて子育てをする保護者にとっては、急に周りの人に愛想が悪くなったように感じられ不安も。前向きに捉えるべきことなのだと説明しましょう。

文例

お母さんも落ち着かず大変ですね。 でも、大切な成長の一段階ですのでご心配なく。

保護者や担任の保育者など、自分が安心できる人とそうでない人を見分けられるようになったからこそ、人見知りや後追いをするのです。**「それだけいろいろなことが判断できるようになったということですね」**と、喜ばしい成長の証だということを知ってもらいます。

園でも他のクラスの先生には泣くことがあります。 人の顔を見分けられるようになった証拠ですね。

園でも人見知りや後追いをしている様子は、隠さずに報告していいでしょう。ただ**「園ではそれで保育に支障が出ることはありません。どの子にもある反応ですので、通常通り対応しています」**と、人見知りや後追いは当たり前のことなのだと強調しておきます。

私も「人見知りできるようになったのね」と、 ○○くんの成長をとてもうれしく思っています。

保育者は困るどころか、成長を感じて喜んでいると伝えておきましょう。人見知りが激しいということは、人とあまり関われない内気な性格なのでは？　と心配する保護者もいますが、人見知りが激しいことと、子どもの性格はあまり関係がないものです。

安全

ハイハイでどこかぶつけたような痕が見られます

昨日、お風呂に入っている時に、二の腕のあたりにぶつけたような痕があることに気づきました。蒙古斑とは違って赤みがあります。一昨日は気づかなかったので、昨日ハイハイをしていて、どこかにぶつけたのかもしれません。園ではそのような様子がありましたか？

保護者の気持ち

子どもにケガをしたような痕を見つけましたが、家では思い当たることがなかったため、園で起きたことだと考えています。お迎えの際に保育者から報告もなかったので、園がきちんと見ていてくれなかったのではと、不信感を抱いています。

確実に視診ができていなかったなら園の責任として保護者に謝罪をします

保護者に引き渡す前に、園としてきちんと視診ができていたかどうかがポイントです。確実に視診ができていたなら、家で起きたことだと考えられますが、そうでなかった場合には、保育が行き届かなかったことについて、保護者に心からお詫(わ)びする必要があります。

文例

視診をした際には気づきませんでしたが、どこかでぶつけたのかもしれません。

確実に視診をしていたのなら、**「お迎えの時にお伝えしたように、園で確認した際には、そのような痕はありませんでした。もしかしたら、おうちで元気に動いたのかもしれませんね」**と伝えて構いません。その場合も、保護者を強く責めるような書き方は避けましょう。

大変ご心配をおかけして申し訳ありません。今後はこのようなことがないよう気をつけます。

痕が残るほどぶつけたなら、泣いたことに気づいて保育者が対応していると思うのですが、園で視診がきちんと行われていなかったために、このようなことが発生した際は、仮に家で起きたケガだったとしても、園の責任になります。保護者にしっかりと謝罪をしましょう。

こんな場合は

園でぶつけたことがわかっているなら連絡帳にも記入し、口頭でも報告を

万が一、園でぶつけるなどしてケガをした際は、連絡帳にも「お友だちが持っていた積み木に頭がぶつかり、少したんこぶになりました。すぐに冷やし、その後は元気に過ごしていました」と詳細を書いたうえで、同じ内容の報告をお迎えの際にも忘れずに。

友だちと一緒に遊んでいるか気になっています

お迎えの時、お部屋をのぞくと、いつもひとりで黙々と遊んでいるようです。お友だちと同じおもちゃで一緒に遊ぶことはないのでしょうか？　私もパパも積極的に人と関わるのが苦手なほうなので、子どもにもその性格が遺伝したのではと気がかりです。

保護者の気持ち

言葉を話さない0歳児でも、同じおもちゃで遊ぶなど、お友だちと関わりながら遊ぶものではないかと思っています。わが子を見る限り、そのような様子が見られないため、お友だちをつくるのが苦手な性格なのではと心配しています。

保育者より

0歳児は、ひとり遊びでじっくり遊ぶことがお友だち関係につながると伝えます

保育者にとっては、3歳中頃までの子どもは、自分の好きな遊びに集中する並行遊びが中心であることは常識ですが、子育て経験が少ない保護者には思いもつかないことです。じっくりと並行遊びをすることが、お友だちと関わって遊ぶことにつながると伝えましょう。

文例

3歳頃までは、自分が興味をもつ遊びに集中して取り組む時間がとても大切です。

「心ゆくまでひとり遊びを満喫したからこそ、周りのお友だちと遊びの世界を共有していけるものです」と、並行遊びがどのようなものなのか、また、並行遊びからどのようにお友だちと関わっての遊びにつながっていくのかを伝えると、保護者も納得しやすいです。

周りのお友だちにも関心がありますよ。これが友だちの入り口になっていくのでしょう。

ひとり遊びが中心とは言っても、周りのお友だちに全く関心がないわけではないはずです。**「今日は△△ちゃんの近くに行って、△△ちゃんが積み木で遊ぶ様子をじっと眺めていました」**など、お友だちに対して関心をもっている様子も伝えるといいでしょう。

今日はみんなでお絵描きをしました。お友だちと過ごす時間を楽しんでいるようです。

保育者が遊びを設定することで、同じ遊びを体験することもできるはずです。ひとつの遊びの世界を作り上げるわけではなくても、**「みんなで一緒にお砂遊びをしました」**などと聞くと、周りにお友だちがいることを楽しんで過ごしていることが、保護者にも伝わるでしょう。

発達

クラスの友だちとの発達の差を感じて心配です

昨日、お迎えに行った時に、△△ちゃんが私のところに近づいてきて、おもちゃのカップを渡してくれました。入園した時は息子とそんなに変わらない様子だったので、驚くと同時に、差を感じて焦ってしまいました。親の関わりの違いでしょうか？

保護者の気持ち

月齢の近いお友だちに、わが子と比べてぐっと成長が見られたため、「このくらいのことができてもおかしくない月齢なのだ」と気づいて焦っています。わが子の成長が遅いことには何か原因があるのではと、保育者の意見を求めています。

発達の個人差が大きい時期だと強調し子ども個人の成長に注目してもらいます

0歳児は月齢1カ月の違いでも、大きな発達の差が見られるものです。それに加えて、同じ月齢の子でも発達の個人差が大きい時期です。周りと比べたくなる気持ちは誰にでもあるものですが、子どもによって発達のスピードはさまざまであると理解を促します。

文例

早く発達する子もいれば、ゆっくりな子もいます。〇〇くんもある時、急に成長するかもしれません。

成長のタイミングはそれぞれであり、早く発達する子がずっとそうであるわけではないですし、ゆっくりめな子がある時、一気にぐんと発達することも。**「個人差があるものなので、そんなに心配することはありません」**と、保護者が安心できる言葉かけが望ましいです。

園で見る限り成長に問題はないと感じますが、どこか気になるところはありますか？

保育者から見る限り、障害の可能性などが考えられないようであれば、そのように伝えていいですが、連絡帳には書かれていない部分で、保護者に気がかりがあるのかもしれません。気がかりがわかれば、その部分を伸ばすような働きかけを共有していきましょう。

最近は上手にボール投げができています。お友だちと比べなくても大丈夫だと思いますよ。

個人差が大きい時期だからこそ、周りと比べず、子どもひとりひとりに焦点を合わせて、どのくらい成長しているかを見ていきます。最近こんなことができるようになった、こんなところが成長したなど、保育者の目から見て成長がわかる点を保護者にも伝えます。

安全

誤飲・誤嚥をするのではと心配で仕方ありません

最近、何でも手に取ったものを口に入れるので、目が離せません。この前は消しゴムを口に入れようとしているのを見つけて、慌てて止めました。食事でもたくさん口に入れてしまうので、誤嚥を起こしそうで心配です。手づかみ食べをさせていいものかと悩みます。

保護者の気持ち

子どもの動きがどんどん活発になり、手指の動きも器用になっているのに対して、家庭の環境設定が追いついていません。保護者に余裕もなく、どう対応していいのかわからないようです。また、誤嚥についても心配があり、離乳食の進め方に悩んでいます。

保育者より

家庭の環境を整えるのは急務であると伝え 離乳食については丁寧にアドバイスをします

子どもにとって口に物を入れるのは、興味が広がっている証拠。だからこそ「ダメ！」と注意しなくてもいいように、口に入れて危険なものは手の届かないところに移動させることが重要です。離乳食は園での与え方についてお伝えし、家庭でも取り入れてもらいます。

文例

いろいろな味を覚えて興味が広がり、誤飲の心配は大いにある時期です。

大人にとっては困ったことですが、何でも口に入れるのは子どもが成長しているからこその行動であることはお伝えしておきます。だからこそ**「ますます興味を広げていけるように、誤飲の危険がない環境をつくる必要がありますね」**と、家庭での対応をお願いしましょう。

園でも口に入れて危ないものは、手の届くところには置かないようにしています。

園ではどのように対応しているのか、**「大きい子が遊ぶおもちゃには小さいものもあるので、混在しないように、必ず数を確認してから片づけます」**など具体例をお伝えします。**「おうちでも置き場所などを工夫してみてはどうでしょうか？」**と、提案の形でお願いをします。

園でリンゴを与える時は、できるだけ細かくカットしています。

食事の与え方についても、園で実践していることを丁寧にお伝えしましょう。また、**「成長に合わせて適切な固さのものを食べる練習をしていかないと、大きくなってからも噛(か)む力が備わらなくなってしまいます」**など、咀嚼(そしゃく)の練習の大切さもお伝えできるとよいでしょう。

生活リズム

園から帰ってくるとずっと寝てばかりいるのですが

保育園から帰ると、とても眠そうです。なるべく急いで夕飯を食べさせますが、お風呂に入らず寝てしまうことも。時には夕飯も食べずに朝まで寝てしまうこともあります。栄養や水分が足りているのかも気になります。どうしたらいいでしょうか？

保護者の気持ち

家にいる時間はほぼ寝ているというわが子に対し、食事やお風呂など、帰宅後にやるべきことができていないことを気にしています。加えて、園で「こんなことができるようになりました」と聞いているのに、家でそれが見られないことに寂しさも。

保育者より

園で充実した時間を過ごしていると伝え今は寝ることが重要だと理解してもらいます

たくさん活動できるようになってくると、園でめいっぱい動いて体力を使い果たす子も。家では安心してどっと疲れが出るため、寝てしまうのだと思います。寝ることで体も心も成長していく時期なので、余計な刺激を与えず、寝たいだけ寝かせていい時期だと伝えます。

文例

園でたっぷり遊んでいるので、おうちでは安心して眠っているのでしょう。

「今日は園庭でコンビカーに乗って遊んでいました」など、園で体をよく動かして遊んでいることを伝えましょう。**「おうちでも起きている様子を見たいと思いますが、ぜひ休日にたくさん関わってみてください」**と、平日の夜は睡眠の確保を推奨します。

寝ながら記憶の整理もしているので、無理に起こさなくてもいいと思います。

睡眠の意味は、疲れを解消することや、体を成長させることだけでなく、この時期は昼間に園で学んだことの記憶を整理する意味もあります。変に刺激を与えて起こしてしまうと、むしろよくない影響もあるので、寝かせておくので問題ないと理解してもらいましょう。

こんな場合は　幼児クラスになってからは就学に向けたリズムづくりを提案する

おおむね４歳を過ぎたら、小学生になってからのことを考えて、少しずつ寝る時間と起きる時間を調整していくことになります。その頃に同じ質問があれば、「眠そうにしていたら、絵本を読んだり、お母さんと話したりして、５分ずつ寝る時間を遅くしても」と伝えます。

睡眠

このところ夜泣きがひどいです。体調が悪いのでしょうか

このところ、毎晩夜中に大泣きすることが続いています。突然火がついたように泣くので、最初はどこか痛いのかと思いましたが、しばらく抱っこしていると泣きやみ、翌朝には元気に目覚めます。毎晩起こされて親も睡眠不足です。どこか具合が悪いのでしょうか？

保護者の気持ち

夜中に何度も起きる時期を過ぎ、ようやくひと晩眠るようになったかと思ったら、また毎晩泣くようになったので困っています。体調が悪いのかもという心配もありますが、原因もよくわからないまま毎晩起こされ、保護者も睡眠不足のようです。

保育者より

幼児期に向けて睡眠リズムを整える行為で期間限定のものであると理解してもらいます

日中は元気に過ごしているのに、夜になって力いっぱい泣くことが続くのであれば、夜泣きでしょう。乳児期から幼児期へと移行する時に、体のバランスや睡眠のリズムがうまくとれないのが原因といわれますが、1カ月前後で治まることを共有しましょう。

文例

睡眠リズム調整のために泣いていると思いますが、体温調整は気にかけたほうがいいかもしれません。

夜泣きは、自分で睡眠リズムがとれず、体の不協和音が起きているため、泣いて調整しているといわれています。ただ、**「衣服や布団が暑すぎる、寒すぎる時もやはり不快で泣くので、一度確認するといいでしょう」**とアドバイスを。

成長とともに治まってくると思います。少し大変ですが、見守っていきましょう。

やがて成長し、昼間に活動するリズムができれば、睡眠リズムも自分で調整できるようになり、泣かなくなります。**「1年も続くわけではなく、だいたい1カ月程度で治まることが多いです」**と期間の目安を伝えると、保護者も少し安心できるかもしれません。

こんな場合は

1・2歳児の場合は、何かストレスを抱えていないか保護者と相談を

1・2歳児クラスで夜泣きの相談があった場合は、神経質な子で、その日、園で起きたことがうまく整理できないことが原因かもしれません。何日も続くようなら、何らかのストレスを抱えていると考え、保護者にも何か思い当たることがないか聞いてみましょう。

おぼえておきたい1歳児のポイント

「発達の個人差」もありますが、できることがぐっと増えます

1歳児は動作が活発になり、運動機能の発達がめざましいです。健康状態について伝えることが多かった0歳児に対して、1歳児は「今日は巧技台で遊びました。台を昇り降りすることができるようになりました」など、その子がどんな活動をしていたかを知らせることが多くなります。立って歩けるようになることで活動範囲も広がり、探索活動もさらに旺盛になります。どんなことに興味をもつかにも、それぞれの個性が見えてくるでしょう。

運動機能の発達に着目します

全身を使った大きな動きでは、階段の昇り降りやジャンプ、ボールを転がすなど。また手先の細かい動きでは粘土を丸めるなど、さまざまな体の動きを獲得していきます。それらの成長については、「今日は粘土を上手に丸めていました」「細い橋の上を落ちずに歩くことができました」と報告していきます。

子どもの個性を重視します

立ち上がって動けるようになり、活動範囲もぐっと広がり、活動の種類も多岐にわたってきます。探索活動を好む子もいれば、一生懸命おしゃべりをしようとする子もいるなど、興味をもつものにも個人差が。少しずつ見えてくる個性に目を向け、保護者とも共有していきましょう。

意思の表現を受け止めます

少しずつ意思表示ができるようになっていきます。まだしゃべれなくても、自分の欲求を身ぶり手ぶりで伝えようとする子も。また、離乳食から幼児食になり、好き嫌いも見られるようになります。「自分の意思が出てきた」ことを、発達段階として肯定的に捉えていきます。

発達

たっち、あんよがまだうまくできません

1歳の誕生日を過ぎたのに、まだあんよが上手にできるようになりません。家だとつかまり立ちはしていて、つたい歩きもたまにするのですが、そこから先に進まず…。園でも同じような様子でしょうか？家庭で何かしたほうがいいですか？

保護者の気持ち

同じクラスの中にすでにあんよができている子がいると、「うちの子だけ発達が遅いのかも？」と不安になる保護者は少なくありません。一方、気にはなっているものの、「あまり早く成長するのも寂しい」と考える保護者も。

お子さんの発達に一喜一憂する保護者には正しい知識を伝えます

この時期は、子どもによって発達の個人差が大きく、たっちやあんよも、子どもによってできるようになるタイミングが異なるもの。保護者の心配する気持ちに寄り添いながらも、発達に関する正しい知識を伝えます。

文例

★園では活発に遊んでいますので、そのうちあんよすると思います。

園でもたっち、あんよをする様子がないのであれば、立つことにまだあまり興味が向いていないか、発達がゆっくりな子なのかも。園での様子も伝えながら「**無理に立たせてケガのないようにしたほうがいいですよね**」と、慌てなくていいことを理解してもらいます。

★おうちでは少し甘えん坊さんなのかもしれませんね。

すでに園ではたっち、あんよをしているなら、それを伝えると保護者は「立てない、歩けないわけではない」と安心します。**「園ではこんなタイミングであんよをしていますよ。おうちでもこんな環境を整えてみてはいかがでしょう？」**と、園の環境も伝えてみましょう。

こんな場合は　身体機能に気がかりがあれば専門家への相談を提案する

股関節（こかんせつ）に何か問題があったり、自閉傾向があったりして、身体の発達が著しく遅い場合もあります。立たせようとすると嫌がるなど、保育者から見て気がかりがある場合は、「こんなことが心配なので、専門家に診ていただいてはいかがでしょうか？」と保護者に提案を。

授乳・食事

手づかみ食べばかりして スプーンを使おうとしません

手づかみ食べは上手にできるようになったので、そろそろスプーンを使ってほしいと思っていますが、なかなかうまくいきません。スプーンを手ににぎらせても、思ったように食べられないので、すぐに投げ出し、手づかみで食べてしまいます。

保護者の気持ち

手づかみ食べが身についたので、そろそろ次の段階に進ませたいという気持ちが強いのでしょう。ただ、スプーンを使えるようになるために、どのような働きかけや工夫をするとよいのかわからず困っており、具体策を知りたがっています。

早い発達を望む保護者の気持ちを尊重し園で実践していることを伝えます

1歳児は、まだ上手にスプーンを使える時期ではありません。園でもスプーンを用意してはいるものの、ほとんどが手づかみ食べという子どもが多いです。

文例

食べる意欲が見られていいですね。でも、そろそろスプーンも使っていきたいですね。

時期的にまだスプーンを使えるようになるのは早いと思っても、「まだスプーンは早いです」と保護者の気持ちを否定する言い方はしません。使わせたいという意思を尊重し、共感していることが伝わる書き出しを心がけましょう。

園では、本人がスプーンを持った時は、保育者が手を添えて食べる練習をしています。

「園でもまだ手づかみ中心ですが、テーブルにはスプーンを置くようにしています」など、園での食事の様子、どのようにスプーンを使わせているのかを具体的にお伝えします。まだ日常的にスプーンを使っている時期でないとわかると安心する保護者も。

お母さんがスプーンでおいしそうに食べるところを見せてあげると、使いたくなるかもしれません。

園で実践していることの他、家庭でもできそうなことがあれば、提案するのもいいでしょう。その場合、「こうしてください」と断定的に伝えると、保護者にプレッシャーを与えることに。**「おうちでもやってみてはいかがでしょう？」**など、提案する言い方を心がけます。

言葉

喃語(なんご)もあまり話さず言葉が出てきません

同じくらいのお友だちは、おもちゃを指さして「あーあー」と言ったり、ごはんの時に「まんま」と話したりしていると聞きます。うちの子は声こそ発しますが、喃語らしきものもあまりないです。大丈夫でしょうか？

保護者の気持ち

たっち、あんよなどと同じように、周りの子に比べて、自分の子だけ発達が遅れているように感じて心配しています。はっきりした発語以前に、指さしや喃語など発語につながるものがあっても、知識がないと見逃してしまうことも。

発達の個人差が大きい時期であると理解してもらいましょう

発語にも発達の個人差が見られるものです。園では発語の兆候がある場合は、どんな場面でどんな様子が見られるかを具体的に伝えます。保育者が行っている発語を促すような関わりについても共有しておくと、実践する保護者も。

文例

★男の子は発語がゆっくりなことが多いですね。園では元気に声を発していますよ。

園では発語がある、または指さしや喃語など発語につながる動作が見られる場合は、**「手遊びでお歌を歌うと、"たー！"と、お歌の最後の言葉は元気に声を出しています」**など、園での発語の様子を伝えます。保護者の思いに寄り添いつつ、心配いらないことも書き添えます。

★おうちでも、絵本を使っておしゃべりをしてみるのはいかがでしょうか？

保護者が家庭でもできることとして**「コップを指さした時には、"コップがほしいんだね"と、子どもの気持ちを言葉で表現してみてください。一緒に絵本を見ながら"ゾウさんは鼻が長いね"とお話しするのもいいですね」**と、発語を促すような関わり方を伝えましょう。

こんな場合は

園でも発語が見られないなら聴覚障害の有無の確認を

園でも発語に向かう様子が全く見られず、保育者も気になる場合は、その子の後ろから声をかけて振り返るか試し、聴覚に異常がないか確認してみましょう。そのうえで、「一度専門家の診断を受けるといいかもしれません」と保護者にお伝えします。

健康・発達

発達　安全

よく転ぶのですが大丈夫でしょうか

最近、あんよができるようになり、楽しそうに歩いています。ただ、しょっちゅう転ぶのでケガも心配ですし、何か脚などに異常があるのかもと気になっています。園では転んでいないでしょうか？　気になるところがあれば教えてください。

保護者の気持ち

特に第一子の場合、子どもがどのような発達段階を経て、歩行が上達していくのか想像がつかないことも少なくありません。子どもが転んでばかりいるのを見て、発達に問題があるのではと心配しています。

転ぶことをネガティブに捉えず見守る時期であることを伝えます

転んでしまうのは、筋肉の発達はまだ追いついていないものの、自分としては大人と同じように歩けると思っているためです。そのことを「危ない」ではなく、「動く意欲のある子」として捉え、今後の成長が楽しみになるような書き方をしましょう。

文例

体を動かしたい意欲がとても強いんですね。体が整ってくると、ますます活発になりますね。

まず、体を動かしたい意欲にあふれる子であると、ポジティブに伝えます。そのうえで**「まだ体が整っていないので、ケガのないよう気をつけていきたいですね」**と、ケガにだけは注意するべきだと保護者に喚起しながら、今後の成長に期待を寄せる一文も添えましょう。

おうちでもバランス遊びなどをすると、あんよが上手になっていくと思います。

ただ成長を見守るだけでなく、家庭でも身体の成長を促したい意欲のある保護者には、家庭でできるバランス遊びを提案してみましょう。おひざの上に立たせてジャンプしたり、床に貼ったテープなどの上をはみ出さないように歩かせたり、いろいろな遊びがあります。

こんな場合は　2歳児で相談があれば、運動機能の発達がゆっくりめな子と考える

2歳児も発達には個人差がある時期。動くのがあまり好きではなく、筋肉や運動機能の発達がゆっくりだと、まだ歩行が安定しないことも。「園では外遊びの時に三輪車に乗せて、ペダルをこぐ練習をしています」など、園で行っていることや、家庭でできる遊びを伝えます。

友だちと遊ぶ姿を見かけないのですが

お迎えに行った時に、ひとりでブロックをして遊んでいることが多く、一緒に遊ぶようなお友だちがいないのかと気になっています。上にきょうだいもおらず、他の子と遊ぶ機会も少ないので、人と関わるのがうまくないのでしょうか？

保護者の気持ち

ひとりで遊んでいる場面しか見ていないため、自分の子どもが「友だちと一緒に遊ぶのが好きではない子なのかも？」と考えています。将来、人とうまく関われない子に育っていくのではないかという心配も。

クラスの子どもを「お友だち」と捉え関わりについてこまめに伝えます

1歳児はまだ並行遊びが中心の時期です。ただ、いつも周りで遊んでいるクラスの子どもは「お友だち」と言えるでしょう。少しずつ「お友だち」とも関わりが出てくる時期だと伝えると、保護者も安心します。

文例

★お友だちがいないことはありませんよ。〇〇くんにはたくさんのお友だちがいます。

周りにいるクラスの子どもはみんな「お友だち」だとお伝えします。そのうえで**「ただ、まだひとり遊びが中心の時期なので、同じ遊びをするような姿が見られるのはもう少し先だと思います」**と、ひとり遊びをしていることが不自然ではないと理解してもらいましょう。

★今日はブロックで遊びながら、△△くんと一緒に笑っていました。

それぞれがひとり遊びをしていますが、向かい合って遊ぶことができるのもこの時期。急に自分が遊んでいるブロックを渡したり、笑い合ったりと、関わりが見られ始めます。その様子を具体的に伝えれば、保護者も安心できるでしょう。

これはNG 「お友だちと遊んでいます」とだけ書き具体的な様子を伝えない

「大丈夫です。お友だちとも遊んでいます」とだけ書いても、保護者にはどんなふうに遊んでいるのかがわからず、ますます不安になってしまいます。保育者への不信感につながってしまうことも。具体的に伝えることが、保護者に寄り添うことになると覚えておきましょう。

授乳・食事

家でごはんを食べません。園では食べていますか

夕飯をあまり食べません。ひと口、ふた口食べると、すぐに飽きてしまうようで、イスから降りて遊びたがります。少し時間をおいて食べさせてみても、やはり少ししか食べません。

園の食事は完食しているようですが、ちゃんと座って食べていますか？

保護者の気持ち

園ではきちんと食事が摂れていると伝えられていますが、家庭では全く様子が違うので、理由がわからず戸惑っています。夕飯に時間がかかってしまうと寝る時間にも影響するため、どうしたら順調に食べてくれるのか知りたがっています。

夕飯を食べない原因をさぐりながら心配する必要がないと伝えます

園ではおかわりする子が、家ではあまり食べないというのはよくあることです。園と家では活動量も環境も違うからです。そこまで心配する必要がないことは伝えつつ、帰宅後に必要以上に間食をしていないかをさぐり、改善のアドバイスをしていきましょう。

文例

★午後はあまり活動もしないのでおなかが減っていないのかもしれませんね。

昼食やおやつの後は、午前中と比べてそこまで体をたくさん使うような遊びはしないものです。そこにふれつつ、**「もし夕食前に間食をするようなら、バナナ・おにぎり・パンなど、食事の代わりになるようなものに変えてはいかがでしょうか？」**と改善を促します。

★園では周りのお友だちが食べているのでつられて食べたくなるようです。

周りでお友だちがおいしそうに食べている姿は、食べる意欲に大きくつながります。ところが、家庭では子どもとお母さん２人きりの夕食という場合も。**「お母さん（お父さん）がおいしそうに食べていると、つられて食べたくなるかもしれません」**などとアドバイスを。

★活動量が増えてくればおうちでも食べるようになると思います。

１歳児では単純に活動量が少ない子も。成長とともに、おやつの後もたくさん体を動かして遊ぶようになり、少しずつ家での食事量も増えていくものです。**「園では十分栄養を摂っていますので、そこまで心配しなくても大丈夫ですよ」**と保護者に伝えましょう。

生活習慣

歯みがきを嫌がってさせてくれません

毎晩、寝る前に歯みがきをしていますが、嫌がって歯ブラシを口に入れさせてくれません。大暴れするので、歯ブラシでケガをするのが怖くて、昨日もあきらめてしまいました。1歳児で素直に歯みがきさせてくれる子はいるのでしょうか？

保護者の気持ち

子どもを保育園に通わせる保護者にとって、夜は慌ただしい時間です。早くやるべきことを終わらせて寝かせようとする中、歯みがきで強く抵抗されると、保護者も困ってしまいます。そこまでして、歯みがきをする必要があるのかという思いも。

保育者より

日々、努力する保護者をねぎらいながら園での工夫を家庭に取り入れてもらいます

多くの子どもが嫌がるものの、やらないわけにはいかない歯みがき。暴れる子どもと格闘する保護者の努力を認め、ねぎらうことは欠かせません。園でも歯みがきをしているようなら、ぜひその様子を共有し、参考にしてもらいましょう。

文例

そうですよね。おうちだけでなく園でも同じように嫌がっています。

「私がやるから嫌がるのかも」と思っている保護者もいますが、おそらく家庭で嫌がる子は、園でも歯みがきを嫌がります。園でも家庭と様子が変わらないこと、そもそも口に歯ブラシを入れるのは、誰でも抵抗があることを伝えると安心する保護者も多いです。

園ではお歌を歌いながらみがくと、終わるまではがんばってくれます。

「歯みがきの前には、虫歯の絵本を読んでいます」「"このお歌が終わるまでね"と約束すると守ってくれるので、短めのお歌から始めてはどうでしょう?」など、園で実践している歯みがきの工夫を共有します。困っている保護者にはとても参考になるはずです。

乳歯から大切にみがかないと、永久歯も虫歯になりやすいそうなので、がんばりましょう。

時には口をゆすいだり、ガーゼで拭き取ったりするだけの日があってもいいかもしれませんが、乳歯のうちから歯みがきを続けることが大切と理解してもらいましょう。「歯みがきはやるべきです」と押しつけるのではなく、**「がんばりましょうね」**と誘いかける言い方に。

毎朝登園を嫌がって困っています

近頃、朝の準備を整えて、靴を履かせようとすると、ワンワン泣いて登園を嫌がることが続いています。私の出社時間もあるので無理やり連れてきていますが、このまま泣くことが続いたらどうしようかと心配です。園での様子はいかがですか？

保護者の気持ち

保育園に通う子どもの保護者の多くは仕事をしているため、子どもが登園を嫌がるたびに仕事を休んだり遅刻したりするわけにもいかず、とても困ります。登園を嫌がる理由がわからず、「園に問題があるのでは？」と不信感もあるのかもしれません。

保育者より

保護者が好きだからこその行動であり、園では楽しく過ごしていることを伝えます

登園を嫌がるのは、大好きなお母さん・お父さんと別れるのが嫌だからに違いありません。0歳児の頃は園で保護者と別れる時に泣いていましたが、家を出る前に泣くのは知恵がついた1歳児だからこそ。園で楽しく過ごしている姿をぜひ伝えましょう。

文例

★ お母さんのことが大好きなんですね。お友だちができると変わると思います。

「お友だちと遊べるようになると、お友だちに会いたくて登園するようになります」と、いずれこの状況が収まっていくと伝えます。**「お母さんも大変だと思いますが、園まで連れてきていただけたら、こちらもサポートします」**と、保護者の苦労に寄り添う言葉も忘れずに。

★ 園ではとても元気に遊んでいます。最近は△△ちゃんと仲よしですよ。

「保育園が楽しくないのではないか？　お友だちにいじめられているから行きたくないのかも？」と考える保護者もいます。そのような様子がないのなら、園でお友だちと関わって、楽しく過ごしていることを、お友だちの名前も出しながら具体的に伝えます。

こんな場合は

2歳児以上でも登園しぶりは続くもの その子のペースでよいと励ましを

2歳児になっても登園しぶりが続くことも。いつ収まるかは子どもにより、5歳児クラスまで続く子もいます。保護者は「他の子は楽しそうに登園しているのに」と焦ってしまいますが、「子どもによってペースは違うものです」と寄り添いと励ましを続けましょう。

排泄

トイレトレーニングはどうしたらいいですか

先日、そろそろ園でトイレトレーニングを始めるとうかがいました。家ではまだおしっこやうんちのタイミングを教えてくれることもなく、トイレに連れて行ったこともありません。家でも園に合わせて、何か始めたほうがいいのでしょうか？

保護者の気持ち

正直なところ、トイレトレーニングを面倒に感じている保護者も少なくありません。この場合は、園からトイレトレーニング開始のお知らせをもらい、家庭では全く考えたことがなかったため、何かしなければいけないのかと慌てています。

園で取り組んでいることを伝え、できる限りの協力を促します

第一子の場合、トイレトレーニングの経験、知識がない保護者がほとんどです。トイレトレーニングは園と家庭の連携が欠かせないので、園での様子を伝えるとともに、家庭ではどんなことに取り組んでほしいのか、具体的に伝えることが大切です。

文例

★まずはおしっこが出なくてもいいので、トイレに座る練習から始めてみてください。

園でどんなことをしているのか、その子のトイレトレーニングがどの程度進んでいるのかを、**「この前、〇〇ちゃんがトイレに座ってみたら、上手におしっこができたんですよ」**などと伝えます。園と同じような練習を、家庭でもしてもらうようにお願いしましょう。

★園でも進めていきますので、おうちでもできることをしてみてくださいね。

「保育者が声をかけると、嫌がらずトイレに座ってくれるようになりました」など、子ども自身がトイレトレーニングにがんばって取り組んでいることを伝えると、保護者のやる気にも結びつきます。「できることを」と、無理のない範囲での協力を求めます。

これはNG　「おうちでもがんばってください」と保護者のがんばりを強要する

家庭が協力的だとトイレトレーニングはとてもスムーズに進みますが、保護者によってはなかなか余裕がなく、協力が難しい場合も。そこで「おうちでもやってください」と強要すると反発を招きます。「おうちではいかがですか？」と様子をたずねる形にしましょう。

食事も生活もイヤイヤばかり言うように

イヤイヤ期が始まったのでしょうか。食事でも今まで食べていたはずなのに、嫌がって食べないものが出てきました。朝の登園準備でも、親が手を出すと「イヤ！」と怒ったり、自分が選んだ服でないと、嫌がって着なかったりします。

保護者の気持ち

親にされるがままの赤ちゃんだったわが子が、急に意思表示をするようになり戸惑っています。特に、朝の登園準備がスムーズにいかないと、保護者にとっては出勤時間にも影響があるので、イヤイヤを収める方法があるなら知りたいと思っています。

精神面の発達を大いに喜びながら園で協力できることを伝えます

「イヤ」が言えるのは、「イヤ」と「いい」の区別がつくほど精神面が成長してきた証拠。喜ばしい成長の表れであることを保護者にも理解してもらいましょう。一方、保護者が対応に困った時には、園でできるサポート内容を伝え、連携していく姿勢を見せます。

文例

「イヤ」と主張ができるくらい精神面が成長してきたんですね。

イヤイヤ対応に直面する保護者は、どうしてもネガティブな面だけを捉えてしまうもの。**「“イヤ”と“いい”の区別がつくほど発達してきましたね」**と、イヤイヤが出てくるのは困ったことではなく、精神面が成長してきたことを示すうれしい変化であることを伝えます。

嫌がったものも何度か食べるうちに、慣れてきて食べられるようになりますよ。

食べ物の好き嫌いに関しては、最初は食べ慣れなくて嫌がったものも、何度も食べるうちに慣れてくるものです。**「お母さんがおいしいと言いながら食べていると、気が向いた時に食べてくれるかもしれません」**など、今は食べなくても問題ないことを伝えます。

もし着てほしくない服を着たがった時は、園で着替えさせますので教えてください。

洗濯したばかりで乾いていなかったり、季節に合わなかったり、保護者が着てほしくない服を選んで着てくる子も。**「お母さんが着せたかった服をお持ちくださいね」**と伝えておくと、着替えでイヤイヤが起きても、余裕をもって対応できる保護者が増えるでしょう。

睡眠　生活リズム

家での様子

入眠時にぐずって寝る時間が遅くなります

赤ちゃんの頃から寝つきがあまりスムーズではなかったのですが、今でも毎晩ぐずって、なかなか寝つけません。早く寝てくれないと翌朝起きるのにも影響しますし、私もやり残した家事ができず困っています。園でのお昼寝の様子はいかがでしょうか？

保護者の気持ち

寝かしつけに毎晩苦労していて、解決策が見つからずに悩んでいます。園でのお昼寝の様子を聞いて、もし園ではすんなり寝ているようであれば、家庭での寝かしつけ方や、寝る部屋の環境の問題点などを知り、改善したいのでしょう。

寝ぐずりは子どもの個性ですが
生活リズムのくせづけは重要！

家庭で入眠時にぐずる子どもは、たいてい園でもお昼寝の時にぐずるものです。保護者は「家庭や自分に原因があるのかも」と心配しているので、園での様子を伝えましょう。ぐずられても早く寝かせることは大切なので、続けてもらうように励ましも。

文例

★ 園でのお昼寝の時もぐずります。お人形を隣に置くと寝られるようです。

まず、園でのお昼寝の様子を伝えます。園でも同じようにぐずっているのだと知れば、保護者は安心するものです。**「保育者がしばらく背中をトントンしてあげると、安心して眠ります」**など、園で実践している入眠方法を具体的に伝え、参考にしてもらいましょう。

★ まだ活動と休息の切り替えが難しいのですね。もうしばらくしたら、睡眠に入りやすくなると思います。

すんなり眠れないのは、活動と休息のリズムの切り替えが未熟なことが背景にあります。成長につれ、休息に入るリズムが自分の中でとれてくると、入眠がスムーズになっていきます。それらの発達についても知識があると、保護者が抱える不安も軽減されます。

★ 生活リズムを整えるのは大切なことなので、早い時間にお布団に入ることはとてもいいことですよ。

中には、「こんなに眠れないなら、寝る時間を遅くしてもいいのでは」と考える保護者もいるかと思います。たとえスムーズに入眠できなくても、体内時計がつくられていく今の時期に、早く寝る生活リズムをつくっておくことは重要だと、保護者に理解してもらいます。

排泄（はいせつ）

トイレを怖がって入ってくれません

園ではトイレでおしっこすることがあると聞いたので、家でも「トイレでおしっこしようか？」と声をかけるようにしました。でも、どうやらトイレが怖いようで、行きたがりません。園のトイレとは造りも違うと思うのですが、どうしたらいいでしょう？

保護者の気持ち

園でのトイレトレーニングの進み具合に合わせて、家庭でも同じように取り組もうとしている意欲のある保護者です。しかし、子どもが家のトイレを怖がってしまい、順調にトイレトレーニングが進まないことに焦りを感じています。

保護者の焦りを受け止めながら子どものペースを重視することを伝えます

意欲的な保護者だからこそ焦ってしまうのでしょうが、焦りすぎると逆効果になることも同時に伝えます。トイレを怖がらなくなる園での取り組みを紹介するとともに、子どものペースに合わせて、少しずつ進めていくことを共有しましょう。

文例

★園では○○くんが好きな車のおもちゃを持ってトイレに行きます。

園でもトイレに行くのを怖がる子はいるものです。その子が好きなおもちゃを持たせると行けることも。**「子どもたちが大好きなキャラクターのシールをトイレの壁に貼っています」**など、園で実践しているトイレを楽しい場所だと思えるための工夫を共有しましょう。

★最初は扉を開けたままでおしっこしてみるといいかもしれません。

園の子ども用トイレと違って、家庭のトイレは扉を閉めてしまうと閉鎖された空間になるのが怖い場合も。扉を開けたままにする他、**「トイレにいる間は、お父さんに好きな歌を歌ってもらうと安心するかもしれません」**など、家庭でできるアイデアも伝えます。

★少しずつトイレが怖い場所でないとわかっていけたらいいですね。

保護者が焦って無理やりトイレに連れていくことは避けたいです。**「子どもにとってトイレは日常と違う空間なので、怖くないような環境づくりをしたうえで、何度ものぞいていると、やがて慣れていきます」**と、時間をかけて進めていけばいいと理解してもらいます。

授乳・食事

断乳・卒乳ができていません

周りのお友だちの話を聞くと、みなさん断乳や卒乳ができているようなのですが、実はまだ卒乳できていません。食事もしっかり食べてはいるのですが、保育園から帰ってきた後と寝る前の授乳がまだやめられず…。早くやめたほうがいいですよね？

保護者の気持ち

１歳を過ぎると、断乳･卒乳する子が増えます。この保護者は、まだ断乳・卒乳できていないことを恥ずかしく思っています。ただ、すぐに断乳できるなら連絡帳に書かずに実践するでしょうから、断乳・卒乳したくない思いもあるようです。

急いでやめる必要はないことを伝え、保護者の気持ちに応じたアドバイスを

少しずつ努力していく必要はありますが、周りが断乳・卒乳したからといって、慌てる必要は全くありません。保護者も急いでやめたいと思わないのであれば、子ども本人がほしがるうちは長く授乳することで、精神の安定につながることを伝えます。

文例

焦らなくてもいいですよ。少しずつやっていきましょう。

周りのお友だちの断乳・卒乳を聞いて焦っている保護者には安心できるような言葉かけを。**「そのうち、お母さんがおっぱいをあげようとしても“いらない”と言うかもしれませんね」**と、遠くないうちにその日が来ることを感じさせるような書き方も安心につながります。

園ではとても元気に遊んでいて、昼食やおやつもよく食べています。

なかなか母乳から離れられない子だと、園でもお母さんを求めているのではと心配する保護者もいます。保護者が安心できるような園での様子を伝えましょう。特に、母乳に代わる栄養となる食事をどのくらい食べているかは気になる情報なので、必ず伝えます。

母乳から栄養を摂るのはもう難しいので、栄養は食事から摂れるといいですね。

保護者が「まだ母乳からも栄養が摂れているかも」と考えている場合もあります。ですが、1歳を過ぎると母乳は減り、栄養もほぼ含まれていません。授乳はしていても、栄養は食事から摂っていく必要があることは理解しておいてもらいましょう。

生活習慣

お風呂に入るのを嫌がるのですが

夕飯後に「お風呂入ろうか」と声をかけると、「お風呂、ない」と拒否します。お風呂用のおもちゃを準備したり、親が先に入ってみたり、いろいろ手を尽くしていますが、余裕がないと怒って無理やり入れることも。どうしたら素直に入ってくれますか？

保護者の気持ち

帰宅後は夕飯とお風呂をスムーズにすませ、早く寝てほしいというのが、ほとんどの保護者の願いです。すでに思いつくことは試しているものの、できるだけエネルギーを使わずに、素直にお風呂に入ってくれる方法があるなら、ぜひ知りたがっています。

お風呂を嫌がる理由をさぐりながら具体的な方法をできる限り提案します

水が苦手、服の着脱などお風呂にまつわる行動に苦手なものがある、お風呂に入る前にやっていることが楽しいなど、お風呂を嫌がる理由は子どもによってさまざまです。お風呂の何が嫌なのかを想像し、思い当たる理由から、解決方法を提案してみましょう。

文例

お水が苦手なのであれば、タオルで体を拭いてみるのはどうでしょう。

園での水遊びも含めて、顔が濡れる感覚が苦手な子なら、無理に入らせない日があってもいいでしょう。**「温かいタオルで顔や体を拭いて、"さっぱりしたね""気持ちよかったね"と、体をきれいにすることが好きになるような声かけも」**と、より詳しいアドバイスを。

「○○が終わったらお風呂だよ」とあらかじめ伝えておくといいかもしれません。

夕飯後、保護者が後片づけをしている間に遊び始めてしまい、そこから切り替えが難しいのもよくある理由です。**「毎日、○○が終わったらお風呂に入ると予告を繰り返せば、やがて"うちの生活リズムはこうなんだ"と理解できるようになります」**と見通しを伝えます。

○○ちゃんが特に嫌がるのは、お風呂のどの場所でしょうか？

嫌がる理由が思い当たらなければ、保護者にたずねてみます。**「脱衣所が寒くてイヤ、服の着脱を面倒に感じるなど、子どもによってさまざまな理由があります」**と、ありがちな理由をいくつか並べておくと、保護者が「これだ！」と気づくきっかけになります。

登園準備が進まず遅刻が続いています

最近、朝の登園準備にとても時間がかかります。着替えるのも、靴を履くのも、まだ自分からやろうとせず親がやりますが、履かせた靴を突然脱いでしまい、何度も履かせています。保育園自体は嫌ではないようなのですが、こちらが朝からヘトヘトです。

保護者の気持ち

子どもが登園準備に手間をかけさせる理由がわからず、対応に手を焼いています。登園してからぐずる様子は見られないため、園が嫌なわけではないとわかっていますが、朝の忙しい時間、少しでもスムーズに家を出るための解決策を知りたがっています。

背景には保護者への甘えがあると伝え、園に来る楽しさをつくるお手伝いを提案

子どもはあの手この手で大好きな保護者と長く一緒にいようとするものです。もう少し成長すると、「お腹が痛い」「足が痛い」「先生が怒る」などに変わる場合も。園で遊ぶのが楽しくなれば収まっていくので、保育者ができることを積極的に提案しましょう。

文例

★お母さんが大好きなので甘えたい気持ちがあるのでしょうね。

「だんだん賢くなり、泣く以外の方法でお母さんと長くいられるようにがんばっているのだと思います」と、親の関わりに問題があるのではなく、保護者が大好きだからこその行動だと理解してもらいます。自分の育児に問題がないとわかると保護者も安心できます。

★家を出てから楽しみになることを見つけておくといいでしょう。

「"お母さんがお仕事に行ってる間、先生とお花探して教えてね"など、おうちの外での楽しみをつくるといいかもしれません」と提案。また**「そんな時は、ぜひ登園した時に教えてくださいね。保育者からも"探しに行こうか"と声をかけます」**と連携する姿勢を伝えます。

こんな場合は

何でも自分でやりたがるなら「できる限りやらせて」と伝える

「何でも自分でやりたがって時間がかかる」という相談なら、「できる限り自分でやらせてみましょう。まだ自分では無理だとわかれば、お母さんにやってほしいと言うようになりますよ」とアドバイスを。子どもがやりたいなら自分でやらせることの重要性を伝えましょう。

おぼえておきたい 2歳児のポイント

心身ともに発達し、「自己」が確立されていきます

２歳児は体だけでなく、精神面も大きく発達していきます。身体面では手指を上手に動かせるようになり、走るのも上手に。大人と変わらない活動ができるようになっていきます。精神面では自我がはっきりと芽生え、自己主張が激しくなります。危ないことや、言われたことと反対のことをわざとしたり、保護者や保育者の言うことをあまり聞かなくなるため、対応が難しい時期です。しかし、発達においてはとても重要な段階だと、保護者と共有しておきましょう。

自我の芽生えを受け止める必要があります

何でも自分でやりたがるようになり、大人が手を貸そうとすると怒って拒否することも。挑戦と失敗を繰り返すことで、経験や知識を積み重ねていく大切な時期です。晴れの日に長靴を履きたがるなど、困った要求に対してどう寄り添っていくか、保護者からの相談も増えるでしょう。

言葉でのやりとりが増えていきます

語彙（ごい）が増え、言葉でのコミュニケーションもできるようになります。簡単な会話から始まり、言葉で互いの思いを伝え合うことの楽しさ、大切さを伝えていきたい時期です。子どもの何気ない発言や、保育者とのやりとりを伝え、子どもの今の状況を保護者と共有していきます。

「２歳」の特徴をあらかじめ伝えておきましょう

年度始めなどに、「２歳児はこんな時期でこんな行動が増えます」「こんなふうに受け止めてください」とおたよりなどで共有しておくと、子どもの発達に対して、保護者も「どうしてそんなことするの！」と否定的に捉えず、冷静に受け止められるようになります。

排泄（はいせつ）

トイレのタイミングを自分で言えません

最近、おしっこが出そうなタイミングで声をかけてトイレに連れて行くようにしていますが、なかなか自分で「おしっこが出る」と言えません。昨日もおむつを確認したら、おしっこが出た後でした…。どうしたら自分で言えるようになるでしょうか？

保護者の気持ち

そろそろおむつからパンツに切り替えたいものの、自分でおしっこやうんちのタイミングを言えないため、パンツにしても失敗が続いて保護者の負担が大きいと想像できます。早くトイレトレーニングを次の段階に進めたいとの焦りが見られます。

決して焦らなくていいと強調し子どもへの対応を具体的に伝えます

周りの子のトイレトレーニングが早く進んでいると、焦ってしまう保護者もいますが、焦りが子どもに伝わると、ますます進みが悪くなってしまいます。そのことを理解してもらうと同時に、園で行っていることを具体的に伝えていくといいでしょう。

文例

なかなかトイレのタイミングが言えないお子さんもいますので、焦らなくて大丈夫です。

トイレトレーニングが順調に進むように努力していく必要はありますが、焦りは禁物。保護者の焦りが伝わると、進みが悪くなるだけでなく後退することも。保護者がゆったり構えられるよう、**「そのうち言えるようになりますよ」**と安心できる言葉かけを。

出なくても構いませんので、トイレに連れて行ってみましょう。

焦らなくてもいいですが、家庭でも働きかけは続けてほしいところです。**「○○ちゃんはおしっこしたくなると、お部屋の隅でもじもじするようです。そんな時に声をかければ、トイレでおしっこできますよ」**など、保育者の知識や園での取り組みを保護者に共有します。

失敗してもがっかりせず「大丈夫だよ」と言ってあげてください。

保護者が「またおむつにおしっこしちゃったの？」と言うと、「おしっこするのはいけないことだ」と思ってしまう子どもも。**「失敗しても大丈夫だと思わせることが大切です。“おしっこ出たね。おむつ替えようね”と、優しく声をかけてください」**と具体的なアドバイスを。

授乳・食事

食物アレルギー対応を解除したいです

卵アレルギーのため、除去食を続けていただいていましたが、少しずつ食べられるように練習を続け、やっと全卵を食べてもアレルギーが出なくなりました。みんなと同じものを食べさせたいので、園での食事も卵を使ったものに変えていただけますか？

保護者の気持ち

アナフィラキシーショックなど重篤な症状もあり、食物アレルギーがある子どもをもつ保護者は心配が絶えません。そんな中、治療が順調に進み、アレルギーが治ったことはとても喜ばしく、すぐにでも他の子と同じ食事ができるよう対応を求めています。

症状が落ち着いたことを喜びながら診断書をもらう必要があると説明します

アレルギーが治ったことは、保護者や子ども自身だけでなく、保育者にとってもうれしいことです。そのうれしさを保護者にも伝えましょう。ただ、多くの園でアレルギー対応の変更には医師の診断書が必要になるので、そのことは保護者に理解してもらいます。

文例

園でも対応しますので、お医者さんから診断書をもらってきていただけますか？

「それはよかったです！　園でも卵が入ったものを食べられるようにしますね」と、まずは保育者もアレルギーが治ったことをうれしく思っていると伝えます。そのうえで園のマニュアルに沿って、医師の診断書等、必要な書類を揃えてもらうようお願いしましょう。

何かあった時に責任を負いかねますので、大変だと思いますがお願いいたします。

平日は働いている保護者も多く、医療機関を訪れて診断書等をもらってくるのは負担も大きいものです。**「お忙しいところ申し訳ないのですが…」「大変だと思うのですが…」**などの言葉をかけつつ、子どもの安全のためには必要なことだと理解してもらいます。

これはNG

診断書がないのにアレルギー解除に対応してしまう

早く何でも食べられるようになってほしいという思いが強すぎて、まだ家庭でも食べる練習が完了していないアレルギーのある食材について、「園では食べさせてほしい」と言ってくる保護者もいます。保護者の性格や信頼関係を問わず、診断書は必ず提出してもらいましょう。

健康

感染症をもらうのではと心配です

近くの園に通っているお友だちから、感染症にかかった子どもが何人もいると聞きました。うちの園でも同じ感染症が流行し、うちの子もかかったらどうしようかと心配です。今、私の仕事も忙しい時期で、お休みさせたりできないため気になっています。

保護者の気持ち

園生活の中で、お友だちから感染症をもらってしまうのではないかと強く心配しています。発熱などで子ども自身がつらい思いをするのも避けたいですが、子どもが感染症にかかると、保護者が仕事を休む必要などがあり、その負担も感じています。

園で行っている感染症対策について できるだけ詳しく説明します

集団生活において感染症が流行する危険性は高く、どの園でもさまざまな感染症対策を行っていると思います。保護者には少々見えづらいことなので、どのような対策が実施されているか、発生した際にはどう対応するかを細かく伝えると、安心につながります。

文例

★食事の前には、手洗いを丁寧に させるようにしています。

園で行っている感染症対策を伝えます。**「外遊びの後は、外の水道で手を洗った後、お部屋の水道でもう一度手を洗います」「食事の前は必ず消毒綿で手を拭きます」**など、行っている対策を知るだけでも、保護者は「これだけやってくれているのか」と安心できるものです。

★もし園で感染症のお子さんが出た時には、 すぐにお知らせします。

園によって対応は異なりますが、**「玄関横の掲示板に、感染症と人数を貼り出します」**など、感染症にかかった子どもが出た時に、どんな対応をしているかも伝えておきましょう。入園時に書面で渡したとしても、見ていない保護者もいるので、改めて伝えます。

★園からもお知らせしますので、 予防接種を受けることをおすすめします。

インフルエンザや水ぼうそうなど、予防接種で防げる感染症もあります。ただ、予防接種があっても多忙なため、タイミングを逃してしまう保護者もいるものです。保健所や自治体から園にお知らせが届いた時は、ぜひ保護者にもお伝えするようにしましょう。

言葉

まだなめらかにお話しできません

送り迎えの時にクラスのお友だちを見ていると、もうペラペラとお話ししている子がいます。うちの子はまだ聞き取りにくい言葉も多く、なめらかなおしゃべりにはほど遠いです。このまま様子を見ているだけでいいものかと、少し心配しています。

保護者の気持ち

同じクラスのお友だちがどんどんお話しできるようになり、わが子の言葉の発達がゆっくりなことが心配になっています。このままでいいのか、おしゃべりが上手になるように何か働きかけたほうがいいのか、保育者の意見を聞きたがっています。

保育者より

園での様子を細かく伝えながら、強く心配する時期ではないと理解してもらいます

家庭と比べて、園は周りの子どもの人数も多く、自分から発信しないと保育者の注意をひけないため、園にいる時のほうが言葉をたくさん発する子もいます。また、言葉の出方には個人差も大きく、慌てたり、心配したりする必要はないと伝えましょう。

文例

女の子だともう上手にお話しする子もいますが、男の子はゆっくりな子が多いです。

女の子よりも男の子のほうが、言葉の発達がゆっくりなことが多いです。言葉について心配している保護者の子どもが男の子の場合は、**「女の子に比べて、男の子は言葉がゆっくり上達することが多いですよ」**と伝えると、焦る気持ちが軽減するでしょう。

おうちの様子を聞くと、自分が話せる言葉で一生懸命答えてくれますよ。

園ではどんな場面でどんなおしゃべりをしているかもお伝えします。**「あまりおしゃべりさんではありませんね」**と、性格として伝えてもよいでしょう。**「園でもこんな時にはおしゃべりしてくれるので、焦らずに見ていきましょう」**と、安心できる言葉かけも忘れずに。

こんな場合は

3歳を過ぎても言葉らしきものが出なければ、専門家への相談をすすめる

2歳なら言葉らしきものが出ていなくても様子を見ますが、3歳を過ぎても全く言葉が出てこないのであれば、「言葉について気になるところがあるので、一度専門家に相談してみるといいかもしれません」と、注意して見ていったほうがいいと保護者に伝えます。

心の安定　安全

友だちにたたかれた・嚙まれたと言っています

昨日寝る前に、子どもが「△△くんがたたいた」と言い出しました。いつ、どこをたたかれたのかを聞いても「わかんない」としか言わず、ケガをしたようなところもないのですが、少し元気がない様子でした。念のため報告させていただきます。

保護者の気持ち

自分の子どもがお友だちにたたかれたり、嚙まれたりするのは、保護者として耐えられないものです。急に子どもから聞かされ、詳しいことはわからないものの、真実かどうか知りたいと思っています。保育者との関係によっては不信感を抱くことも。

子どもの嘘(うそ)である可能性もふまえながら 保護者の不安に寄り添う言葉かけを

たたかれたり、噛まれたりすると、たいていの場合はやられた子が泣き出して保育者が発見するものですが、まれに遊びに夢中でたたかれたことに後から気づく子もいます。子どもが保護者に甘えたくて嘘をつく可能性もありますが、まずは謝罪しましょう。

文例

大変申し訳ありませんでした。こちらで気づかず、管理不行き届きでした。

登園時、降園時の視診をきちんと行っていれば、たたかれたり、噛まれたりした痕(あと)を見逃すことはないはずですが、保育者が見逃した可能性も否めません。たたかれたのが事実かどうかはさておき、まずは園で気づけなかったことを、心から謝罪することが必要です。

こちらでも調べてみて、わかったことをお知らせします。

保護者としては「誰がたたいたのか」以上に、「園から報告がなかった」ことへの不満が大きいものです。「調べてみます」だけで終わらず**「今後はこのようなことがないよう注意してまいります」**と対策を伝えないと、保護者は「また同じことが起きるかも」と不安です。

こんな場合は

子どもの嘘だとわかっても子どもや保護者を責めない言葉かけを

保護者の注意をひこうとしたり、登園を遅らせたりするために「たたかれた」と言う子もいます。たたいた相手である「△△くん」は当日お休みしていたなんてことも…。それでも嘘だとは指摘せず、「誰かと間違えたのかもしれませんね」と否定はしないようにします。

友だちとの関わり

まだ友だちができていないようです

保護者より

先日、お迎えに行った時、同じクラスの△△ちゃんが「今日、◇◇ちゃんと遊んだ」とお友だちの名前を言っているのを聞きました。うちの子に園での様子をたずねても、誰かと一緒に遊んだような報告がなく、まだお友だちがいないのではと気がかりです。

保護者の気持ち

同じクラスの子どもは、すでに一緒に遊ぶお友だちがいるのに、自分の子どもはまだひとりで遊んでいるのだと思っています。「このままお友だちができないと、今後、友だち関係で苦労するかもしれない」と不安に感じているようです。

保育者より

周りにいる子どもたちを「友だち」と捉え 保育の中で見えている関わりを伝えます

２歳児になると、保育者が設定した遊びの中で、お友だちと遊べるようになります。ですが、お友だちの名前を記憶して「今日は誰と遊んだ」と報告できるのは、言葉の発達が早い子だけでしょう。お友だちと関わりがあることを伝えると、保護者も安心できます。

文例

△△ちゃんとブロックで遊びました。仲よしになっているのかもしれません。

名前を保護者に伝えられなくても、十分お友だちと関わっていることがわかれば、保護者にとっては安心につながります。その日の保育の中で見かけた、お友だちとの関わりについてのエピソードを細かく書き、ここから友だちができそうだと伝えます。

お店屋さんごっこをした時に、◇◇ちゃんに「どうぞ」をしていました。

まだひとりで遊びに熱中することが多いですが、保育者が設定した「お店屋さんごっこ」などの遊びの中で、お友だちと関わりながら遊ぶことができる時期でもあります。遊びや生活の中で、お友だちとどのようなやりとりがあったかも､積極的に伝えていきましょう。

これはNG

「まだお友だちができる時期ではないので」と保護者の思いを否定してしまう

保育者にとっては、２歳児はまだ並行遊びの時期なので「お友だちがいない」という保護者の悩みは的外れに感じるかもしれません。でも、それをそのまま伝えても、保護者の不安は解消されません。「今の遊びを入り口に、お友だち関係ができていきます」などの伝え方を。

心の安定　安全

園での様子

周りの子に乱暴をしていませんか

最近、おもちゃを投げる、蹴るなどの乱暴な動きが増えています。私が注意するとたたいてくることもあるため、園でもお友だちをたたくなど、乱暴なことをしてご迷惑をかけていないでしょうか？　もし何かあったらすぐに教えていただけると助かります。

保護者の気持ち

子どもの暴力にとても困っています。「園でお友だちや先生をたたいていたらどうしよう」という不安を抱えると同時に、対処方法がわからず助けてほしい気持ちですが、親として自分で対処するべきと考え、相談できずにいるのかもしれません。

保護者の質問の真意をうかがいながら園でできるサポートを提案します

まず、園での様子を伝えましょう。人や物を乱暴に扱う態度は、この年齢のうちに「いけないことだ」としっかり教えなければいけません。それには保護者のがんばりが欠かせないですが、すでに思い悩んでいる様子なら、園でもサポートできることを提案します。

文例

★大丈夫ですよ。園では誰かをたたいたりする様子は見られませんので安心してください。

園でも同じように乱暴な様子があるかどうかは隠さずに伝えましょう。園では乱暴な様子が見られないなら、**「園ではがんばって過ごしていて、ストレスがたまっているのかもしれません。でも、いいことと悪いことは教える必要がありますね」**などの言葉かけも。

★お父さんも大変ですよね。園でも発散できるような関わりをしていきます。

保護者のつらい気持ちに寄り添いつつ、園でできることを伝え、**「おうちでも時間がある時で構いませんので、おひざに座らせてあげたり、ぎゅっとしてあげるといいかもしれません」**と、家でできることも無理強いしない範囲で提案しましょう。

★お母さんもお子さんもがんばっていますね。一度お時間がある時にお話ししませんか？

保護者に追い詰められたような様子がある場合、相談を連絡帳のやりとりだけで完結させるのは難しいでしょう。お迎えの時など、保護者に「この前書いていただいた内容ですが…」と声をかけたり、直接話したりする時間をとってもらい、対応しましょう。

心の安定

園での様子

園ではしゃぎすぎていないかと気がかりです

お迎えに行くと、お友だちと廊下を何往復も走ったり、私の周りをぐるぐる回ったりと、子どものテンションが異様に高いのですが大丈夫でしょうか？家ではおとなしく遊んでいることが多いのですが、園でははしゃいでご迷惑をかけていませんか？

保護者の気持ち

わが子の園での様子と、家での様子が全く違うことに驚いています。この保護者にとっては、子どもがはしゃぐことが問題なのではなく、園に迷惑をかけているのではと心配しています。また、なぜ園でははしゃいでしまうのかも疑問なのでしょう。

保育者より

家とのギャップに驚く気持ちを受け止めながら問題がある行動ではないと伝えます

保育園で長時間過ごす子どもは、園ですべての体力を発散して帰宅するので、家のほうがおとなしいのは自然なことです。子どもでも、２歳児になると社会と家での顔の違いが少しずつできてくるものですが、保護者が衝撃を受けていることを受け止めましょう。

文例

いつも元気いっぱいなお子さんで何の問題もありません。

子どもがはしゃいだり、騒いだりするのをよくないことだと捉える保護者もいますが、子どもなら当たり前の状態です。**「はしゃぎすぎていることはありませんよ」**と、保育者が迷惑に思ったり、困ったりはしていないことをしっかりと伝えましょう。

とても活発に遊んでいて、園の生活を楽しんでいるようです。

子どもが園で大騒ぎをして怒られているのではないか？　まともに集団生活を送れていないのではないか？　というのも保護者の気がかりです。**「絵本を読んだ後、元気に感想を伝えてくれます」**など、園生活をきちんと送れていることも伝えましょう。

お母さんの顔が見えるとうれしくてはしゃいでしまうのかもしれません。

夕方頃になれば、子どもも疲れてくるものです。自分で自分を元気づけようと、お迎えの時間帯になると、いつも以上にはしゃいでしまうことがあります。**「園でたくさん動いているので、おうちではゆっくり休ませてください」**などの言葉を添えるといいでしょう。

登園・降園　親子の関わり

お迎え後、なかなか園から帰りたがりません

昨日もそうだったのですが、お迎えの時に廊下で遊んでしまったり、玄関まで来てから靴を履くのを嫌がったりと、園を出るのにとても時間がかかります。夕飯や寝る時間が遅くなってしまうので、なるべく早く帰りたいのですが…。

保護者の気持ち

帰宅後の夕飯やお風呂、就寝などのことを思えば、保護者はできるだけスムーズに園を出たいところです。「早く帰ろう」など、思いつく限りの声かけはしているでしょうが、子どもが言うことを聞いてくれず、どうしたらいいのか困っています。

保育者より

甘えたい気持ちからの行動と説明しながら保護者に負担を与えない配慮を

保護者がお迎えに来てからも、次々に別の遊びをしたり、帰り支度を嫌がったりするのは、保護者に対する甘えにほかなりません。ただ、それをストレートに伝えると「甘えさせ足りないのかも」と落ち込んでしまう保護者もいるので、伝え方には工夫が必要です。

文例

お母さんがお迎えに来たのがうれしくて、甘えているのかもしれません。

保護者は「園が好きなのか」と思うでしょうが、帰りたがらない本当の理由は、保護者に甘えたいから。**「もっと早く迎えに来てほしいというメッセージかもしれません」**など理由を伝えておくと、それを前提として、保護者も声かけや対応ができるようになります。

普段からたくさん愛情をもらっていると思いますが、時々こうして愛情を確認しているのでしょうね。

保護者の愛情が足りないわけではないとフォローするような言葉かけを忘れずに。**「お迎えに来たらぎゅっと抱きしめてあげたり、手をつないで帰ったり、スキンシップをとると安心するかもしれません」**と、アタッチメントにつながるような方法をお伝えしても。

早く帰らなければならない理由を説明するといいかもしれません。

何でも好きにさせるのではなく、とるべき行動とその理由を子どもに説明することは大事なことです。**「"寝る時間が遅くなったら、絵本が読めなくなっちゃうよ"など、本人に関係する理由だとわかりやすいかもしれません」**など、伝え方についてアドバイスを。

言葉

言葉づかいが悪くなったようです

最近「うるせー！」「バカ！」など乱暴な言葉を使うことがあります。意味はよくわからず使っているようです。私が怒ってもケラケラ笑うだけで効果がありません。使わないようにしてほしいのですが、園でも使っているお友だちがいるのでしょうか？

保護者の気持ち

やっとたどたどしくもかわいいおしゃべりをするようになった子どもの口から、乱暴な言葉が出てきて戸惑っています。園で他のお友だちから覚えたのではとの疑いもあり、園での様子や、園でどのような指導をしているのかも聞きたがっているようです。

園での様子を答えながら保護者がとるべき態度も伝えます

保護者の心配する気持ちに理解を示すことは必要ですが、悪い言葉を知ることも学びのひとつと理解してもらいたいところです。園でもそのような言葉を使っているかどうかも伝えつつ、家で保護者がどのような態度をとったらいいのかもアドバイスしましょう。

文例

★園でも流行(はや)っていますが、使ってはいけないと指導しています。

園でも同じ言葉を使っている子がいて、相談があった保護者の子どもも使っているようなら**「〇〇くんも使っています」**と、包み隠さず保護者に伝えます。そのうえで**「悪い言葉なので、使ってはいけないと指導をしています」**と、注意していることも共有しましょう。

★園ではそのような言葉を使う子は今のところ見受けられません。

園で使っている子がいない場合もそのように伝えます。**「子どもはいろいろなところから影響を受けますね。園でもそのような様子が見られたら、きちんと指導してまいります」**と、保護者を責めているように聞こえないような言葉かけも欠かさないようにしましょう。

★おうちでも「使ってはいけない言葉だよ」と教えてあげてくださいね。

家庭での対応の仕方は必ず伝えるようにします。**「これもいいことと悪いことを教えるいいチャンスです」「大人が嫌な顔をするのを見て、子どもも使ってはいけない言葉だと学んでいけるでしょう」**と前向きに捉える言い方は、保護者の気持ちがやわらぎます。

発達

3歳児クラスに進級するのが心配です

もうすぐ3歳児クラスに進級ですね。うちの子は生まれ月も遅いですし、自分から積極的に人と関わるほうでもないので、進級すると担任の先生が1人減って、お友だちが増えると聞き、積極的なお友だちに負けてしまうのではないかと心配です。

保護者の気持ち

3歳児クラスからは、担任が減って、お友だちが増えるという大きな変化が。自分の子どもはおとなしくて成長もゆっくりなので、困ったことがあっても見逃されてしまったり、十分な保育が受けられなかったりするのではないかと心配しています。

保育者より

不安な気持ちをしっかりと受け止め 安心につながるような言葉かけをしましょう

進級については、子ども本人よりも保護者が過剰に心配することが多いです。実際に進級してみると、たいてい子どもは思った以上に早く順応するので杞憂(きゆう)だったとわかるのですが、まずは保護者が何に不安を感じているかをたずね、受け止めることが必須です。

文例

自分のこともお話しできるようになり、ちゃんと成長していますよ。

家にいる時はどうしても保護者に甘えるため「こんな様子で進級して大丈夫？」と思っているでしょう。でも、園では保護者が思っている以上に成長を見せているものです。最近どのような点で成長が見られるのか、具体的なエピソードを伝えていきましょう。

３歳児クラスになると、たくさんのお友だちと関われるようになります。

お友だちが増えることに不安を感じている保護者には、**「３歳児クラスからは、集団の中でさまざまなことを学んでいく大事な時期です。○○くんもお友だちとの関わりを楽しんでいけると思います」**と、お友だちが増えることのよい面を伝えていきましょう。

何か心配事が出てきた時には、いつでも構いませんのでお話しください。

保護者の心配について、こちらはまだまだ聞くつもりがあると伝えることが大切です。新しいクラスの担任がすでに決まっていれば、**「３歳児クラスの△△先生は、とても優しく対応してくれる先生です。心配事があれば、ぜひ相談してみてください」**と紹介しても。

生活リズム　親子の関わり

親の帰宅時間の都合で寝るのが遅くなりがちです

子どもをお風呂に入れるのをパパが担当しているのですが、最近パパの帰宅が遅く、お風呂が21時頃になってしまいます。21時までに寝かせたいと思っているのですが、私がひとりでお風呂に入れるのも大変で、どうしたらいいものかと悩んでいます。

保護者の気持ち

お父さんにお風呂に入れてもらったほうがお母さんも楽ですし、お父さんの子どもと関わりたい気持ちも満たされるのでしょう。早く寝られるよう生活リズムを整えたほうがよいとはわかっていながらも、このままでもいいのでは？　という気持ちも。

今が生活リズムを整えるために重要な時期であることを強く伝えます

子どもと関わりたいお父さんの気持ち、お父さんに手伝ってもらいたいお母さんの気持ちもわかるのですが、子どもの生活リズムを整えることがこの時期は最も大切なことです。子どもの将来にも大きく影響することを説明し、理解を促します。

文例

○○くんもパパとのお風呂が楽しみなのでしょうね。ただ、今は生活リズムを整えることが最優先です。

「パパもたくさん育児参加したいですよね」と保護者の気持ちを理解する言葉かけを。**「育児はこの先もまだまだ続きます」「お仕事がお休みの日に関わるだけでも、子どもは十分に愛情を受け取っていますよ」**など、お父さんの関わりについてのフォローも。

幼児期までに、正しい生活リズムを習慣づけることがとても大切です。

「寝るのが遅いと朝起きるのも難しくなり、小学校の不登校にもつながります」「大きくなるほど、リズムの矯正は難しくなります」と、今は規則正しい生活を優先させることが、結果的に子どものためであることを、さまざまな事例を添えて伝えましょう。

こんな場合は

休日にリズムが崩れてしまう場合は休日の過ごし方の提案をしてみる

平日は忙しい分、土日に遠出のお出かけをして生活リズムが崩れてしまう家庭も少なくありません。「子どもにとっては、お父さん、お母さんと一緒におうちの近くを30分くらいお散歩するだけでも、とても充実した休日になります」と、遠出以外の過ごし方を提案しても。

親子の関わり

家での様子

休日に家ではしゃいでしまい親が疲れてしまいます

休日は運動量が足りないのか、家の中で走り回っています。「遊ぼう！」と言ってくるのですが、元気がありすぎて私もパパも30分遊ぶともうぐったり…。正直、保育園がある平日のほうが楽だと思ってしまうほどで、今月の連休が今から恐怖です！

保護者の気持ち

平日、仕事に家事に多忙な保護者は、休日こそ自宅でゆっくり休みたいものです。でも、子どもにはそんなことは関係なく、ずっと遊びにつきあわなくてはならないのがつらいようです。どうにか休日を乗り切ったことを保育者にねぎらってほしい思いも。

保護者へのねぎらいの言葉を忘れず 休日の過ごし方についてアドバイスも

保育者のように、子どもとの遊び方の引き出しがたくさんあるわけではない保護者にとっては、子どもと遊ぶにも、何をすべきかと悩むものです。保護者の苦労をねぎらいながらも、保護者に負担にならず、子どもも楽しめる遊びについて、いくつか提案しましょう。

文例

本当にお疲れさまでした！ きっと〇〇ちゃんもうれしかったのでしょうね。

「お父さん、お母さんと１日一緒にいられるのがうれしくて、はしゃいでしまったのだと思います」と、子どもの気持ちも肯定的に伝えます。そのうえで、保護者をねぎらう言葉をかけましょう。それだけでも保護者の気持ちはずいぶんやわらぐはずです。

絵本を読むなど、 ちょっとした関わりでも満足すると思います。

子どもがはしゃぐのは親に関わってほしいから。それは遠出をするとか、何か買ってあげるということでなく、絵本を読む、一緒におにぎりを作る、家の近くをお散歩するなど、保護者からすれば簡単なことで十分です。そんなアイデアをいくつかお伝えします。

保育園では粘土遊びが好きなようです。 おうちでもやってみると喜ぶと思います。

園でよくやっていることを、保護者と一緒にやるのも子どもにとってはうれしいものです。折り紙、お絵描き、粘土など、園でやっていて、家庭でも簡単に取り入れられそうな遊びを**「おうちの方と作った作品を喜んで見せてくれる子もいますよ」**と、紹介してみましょう。

家での様子

心の安定

かんしゃくがひどく対応に困っています

気に入らないことがあると、かんしゃくを起こします。暴れたり泣き叫んだりしますが、時には手に持ったおもちゃを投げることも。なかなか収まらず、暴れて危ないので放っておくわけにもいかず、対応に苦労しています。どうしたらいいのでしょうか？

保護者の気持ち

気に入らないことがあっても、それを言葉でうまく伝えられずに怒ったり泣いたりするのが子どもですが、そんな姿をたびたび目の当たりにして、保護者も精神的に追い詰められています。保育者からのアドバイスがほしいと思っているのでしょう。

保育者より

かんしゃくを起こす頻度や様子を聞き、園ではどのような対応をしているか紹介します

かんしゃくを起こすきっかけや頻度によって、対応は変わってくると思います。かんしゃくを起こした時に気分を変える方法を伝えるとともに、少しずつかんしゃくを起こす以外の感情表現の引き出しを増やしていけるようなアドバイスも付け加えるようにします。

文例

園ではご機嫌よく過ごしています。おうちでは甘える気持ちもあるのかもしれません。

園でも同じようにかんしゃくを起こすかどうかは伝えたほうがいいでしょう。園でもかんしゃくを起こす頻度が多く、保育者から見ても気がかりなら、保護者に**「一度、専門家に相談してみてもいいかもしれないですね」**と提案してもいいかもしれません。

園ではかんしゃくを起こした子がいると、他のお部屋に行って気分転換をしています。

かんしゃくを起こした時に、どんな対応をしたらいいかはぜひお伝えしましょう。**「おうちでは○○ちゃんがかんしゃくを起こした時に、どんな対応をしていますか？」**とおうちでの対応をたずねてみると、かんしゃくを起こす理由や解決策が見えてくるかもしれません。

「これからは言葉でイヤって言おうね」と別の表現の仕方を伝えてみてはいかがでしょう。

嫌なことがあった時に、言葉で表現する方法があることは周りの大人から伝えていくべきです。**「かんしゃくを起こせば、自分の要求が通ると思わせないような対応も必要です。園でも見ていきますね」**と伝えるなど、保護者の対応についてはよく確認しましょう。

家での様子

親子の関わり

下の子が生まれて赤ちゃん返りが見られます

妹が生まれて２カ月経ちますが、兄に赤ちゃん返りが見られます。授乳中の妹をどかせて自分が私のひざの上に座ろうとしたり、自分でできることを全部「やって」と甘えてきたりします。寂しい気持ちもわかりますが、対応しきれず困っています。

保護者の気持ち

寂しい思いをさせたくないとは思いつつ、お母さんがひとりで見ている時は、どうしても赤ちゃんのお世話で手いっぱいになってしまいます。対応に困っているとともに、赤ちゃん返りをさせてしまっていることに罪悪感や申し訳なさもあるでしょう。

保護者の不安にできる限り寄り添い 園でもサポートできることを伝えます

特に男の子の場合、弟や妹ができて赤ちゃん返りをすることが多いです。産後で心身に負担を抱えるお母さんを支えていけるように、園でもできる限りのサポートをしていくことを伝えましょう。大きな安心につながるはずです。

文例

たくさん我慢することがあったんですね。 でもすぐに治まると思いますよ。

適切なサポートがあれば、赤ちゃん返りはやがて治まっていくものです。**「あまり深刻に考えず、お母さんの余裕がある時に、お兄ちゃんがやりたいことを一緒にやってあげられるといいですね」**など、保護者の負担にならない程度のアドバイスをすればいいでしょう。

できるだけ気持ちが落ち着くように、 園でもスキンシップを増やしてみますね。

おそらくは園でも行動がいつもよりゆっくりになったり、お友だちとのケンカが増えたりと、何かしら変化が見られるはずです。**「園でも気持ちが落ち着くような関わりを増やしていきますね」**と、いつもより目をかけていくと伝えれば、保護者の安心につながります。

お母さんと一緒にお世話をするなどして、 お兄ちゃんの意識が育てられるといいですね。

「お兄ちゃんなんだから」と我慢を強要するのは避けたいですが、**「"一緒に赤ちゃんのお世話をしてくれる？"とお手伝いをお願いして、感謝される場面が増えると、お兄ちゃんとしての意識も育っていくと思います」**と、子どもの成長を促すような関わりも提案を。

授乳・食事

家での様子

お箸(はし)を使わせたほうがいいのでしょうか

先日、1歳上のお子さんがいるママ友の家に遊びに行ったのですが、お子さんがお箸を使って食べていました。その子の通う園では、3歳児クラスだとほとんどの子がお箸を使えるそうです。うちでもそろそろお箸の練習を始めたほうがいいでしょうか？

保護者の気持ち

そんなに年の変わらない子がお箸を使うのを見て、そろそろお箸の練習を始めなければいけないのかと焦る気持ちが。その一方で、「そんなに早く始めなければいけないものなのか？」という疑問もあり、園の方針や保育者の考えを聞きたがっています。

園での対応や状況を伝えながら保護者の希望に沿うようなアドバイスを

いつからお箸を使わせるかは、園によって対応が異なると思います。それぞれ園の考え方があってのことなので、それをそのまま保護者にお伝えするのがいいでしょう。園でお箸を始めるタイミングと保護者の意向が合わないとしても、保護者の意向は尊重します。

文例

園でもお箸に興味をもつ様子が見られます。おうちでも使い始めてみましょうか。

すでに園でも食事の際にお箸を使わせている場合は、**「お箸に手を伸ばしてつかんだ時は、保育者がにぎり箸の持ち方を教えて持たせています」**など、今その子がお箸をどんなふうに使っているかを伝え、お箸の練習を始めてもよい時期であることを共有します。

お母さんの気持ちで始めてみましょう。園ではにぎり箸に挑戦しています。

保護者がお箸の練習を始めることについて「まだ早すぎるのでは？」「食事の時間がかかりそう」など、抵抗をもっているのが見受けられるなら無理強いはしません。園の状況は共有しながら**「家庭でも始めたいと思われるようなら、また教えてくださいね」**と伝えます。

園では３歳児クラスから始める予定ですので、急いで始めなくても大丈夫ですよ。

園ではまだお箸を使わせていない場合は、そのように伝えます。もし保護者が「早く始めたい」と思っているようなら**「お箸に興味があるようなら、おうちでは少しずつお箸にさわってみることから始めてもいいかもしれませんね」**と、家庭で始めることまで否定はしません。

登園・降園　親子の関わり

園を出た後、寄り道が多く帰宅が遅くなってしまいます

昨日、園を出て自転車に乗せると、「電車を見る」と騒ぐので駅まで行きました。なかなか「帰る」と言わず、帰宅後バタバタでした。先週は「公園に行く」と、3つくらい公園をはしごしました。夕飯やお風呂が大変なので早く帰りたいのですが…。

保護者の気持ち

降園後はできるだけ早く家に帰り、夕飯を食べさせてお風呂に入れて寝かせたいのが保護者の強い気持ちです。子どもの希望を叶(かな)えてあげたい気持ちもあるようですが、ずっと続いては困るので、対策を知りたがっています。

保育者より

寄り道をしたがる理由を説明しつつ家に帰りたくなるような方法も提案します

子どもが降園後に寄り道をしたがるのは、帰宅後は慌ただしく時間が過ぎてしまい、向き合ってもらえないため、保護者と１対１の時間を過ごしたいという思いがあるのでしょう。そのことを理解してもらうとともに、家で楽しく過ごせるような方法を伝えましょう。

文例

お母さんとべったり一緒に過ごす時間がほしかったのかもしれません。

子どもにとって「電車を見る」「公園で遊ぶ」というのは心からの願いではなく、本心はできるだけ長く保護者と１対１の時間を過ごしたかったということでしょう。家では完全に親のペースになってしまうことを察しているため、帰宅を遅らせようとするのです。

前もっておうちですることを決めて約束しておくと、帰りたくなると思います。

「後の楽しみを提示する」というのは、保育の中ではよく使われる方法だと思います。同じように**「"今日は夕飯のお手伝いをしてね"と〇〇ちゃんが楽しみになるようなことを朝のうちに約束しておき、お迎えの時に"だから早く帰ろう"と言ってみてください」**と提案を。

こういう時期はほんの一瞬だけなので、できる限りでいいのでつきあってあげてください。

もう少し大きくなると「もっとお友だちと遊びたい」と帰りたがらなくなることはありますが、保護者と１対１で過ごしたくて要求してくることは減るでしょう。翌日がお休みの日などは少しだけつきあってあげると、保護者にとっても育児の思い出になるはずです。

連絡帳コラム①

保護者の悩みに寄り添うことが子どもの状態をよい方向に向かわせることになります

子どもの成長・発達の悩み相談かと思えば、読み進めていくうちに嫁姑問題の相談に変わっていくなど、対応に悩んでしまう連絡帳もあるでしょう。そのような保護者からの長々とした相談は、「答えがほしい」のではなく「愚痴を聞いてほしい」というのが本音です。「お母さんもがんばっていますね。何かあったら言ってください」と、ねぎらいと受け入れる気持ちを伝えましょう。ただ、連絡帳の内容があまりにも支離滅裂で、何を言いたいのか全くつかめず、心に問題を抱えていると感じる場合は、他の保育者や管理職に相談してみましょう。園にカウンセラーや心理士がいる場合は、専門家の意見を仰ぐのがおすすめです。

本来、子どもの保育が主な仕事である保育者が保護者のケアも行うのは、子どもの様子に気がかりが見られるのは、特別な病気がない以上、家庭の影響を受けて心が不安定になっていることがほとんどだからです。保育者が話を聞き、必要に応じてカウンセラーや心理士とつなぐことで、保護者の気持ちが落ち着けば、子どもの状態も改善します。保護者のケアは、結果的に子どものためになるのです。

Part2

園での子どもの様子の伝え方

毎日の保育の内容を通して、子どもの成長・発達を共有していくのが、連絡帳の大きな役割になります。1日の様子や行事、人との関わりにおいて、子どものどんな様子に着目し、保護者にどのように伝えるかを知っておきましょう。

園での様子を伝えるポイント

保護者に園での保育の様子を知ってもらいます

その日、園で何をして過ごしたか、子どもはどんな様子だったのかを伝えるのも連絡帳の大切な役割です。どんな活動をして、どんな成長が見られたのか、毎日の保育で行っていること、行事にまつわること、人との関わりから印象的なものを伝えていけるといいでしょう。伝えたいことがたくさんあった時でも、すべてを書くと文章が長くなりすぎ、何を伝えたいのかがわかりづらくなってしまいます。最も印象的なことひとつにしぼり、その出来事について、できるだけ詳しく書くようにします。

書き方のポイント

子どもの様子がわかるように具体的に書きます

その場にいない保護者が連絡帳を通じて、保育の風景が目に浮かぶようだと理想的です。「積み木で遊びました」だけでなく、「積み木を高く積んで楽しそうに遊んでいました」。ただ「喜んでいました」だけでなく、「手をたたいて喜んでいました」と、できるだけ具体的に書くことが大切です。

成長が見えるポイントを書きましょう

例えば、「食事」は毎日していることですが、昨日までと比べて、スプーンが上手に使えるようになった、ひと口しか食べられなかった食材をふた口食べられるようになったなど、成長が見られる点に注目し、それをお伝えすると、保護者も子どもの成長を感じることができます。

保護者がうれしくなる出来事を選びましょう

ケガなどのトラブルや、子どもの行動で気がかりがあるなど、どうしても伝えなければならない時を除いて、基本的には子どものほほえましい行動や、成長を感じられた瞬間など、保護者がうれしい気持ちになる出来事を選んで書くようにします。保育者のうれしい気持ちも書き添えるといいでしょう。

ミルク・食事

ここをチェック

ミルクの飲ませ方や離乳食の進め方など、家庭と連携することが多い内容です。飲んだ量や食べた量が普段と比べて多い、少ないなどは積極的に伝えましょう。

0歳児

離乳食の進め方は丁寧に相談を

離乳食を進めるにあたって、家庭で試してほしい食材は、「○カ月になると、園ではこんな食事をしています。おうちでも食べさせてみてくださいね」と、早めにお伝えしておきます。

1歳児

食べ方の発達を家庭と共有する

手づかみ食べから、スプーンやフォークに興味をもち、使えるようになる時期です。「スプーンに興味が出てきました」など、成長や変化が見られる内容は、保護者と共有しましょう。

2歳児

食事の様子をこまめに伝える

幼児食へ移行すると、食事の進め方などはあまり伝える必要がなくなります。どんな様子で食べていたかに着目し、「おかわりができた」「苦手なものを食べた」などとお伝えします。

文例

0歳児

☆そろそろ離乳食を始めてはいかがでしょうか？

離乳食の開始、進行は保護者との連携が必須です。「始めてください」「食べさせてください」と断定的な言い方をするのではなく、相談しながら進めていく姿勢を伝えます。

☆ミルクの量は減りましたが、身長や体重は順調に増えています。

ミルクを飲む量が減ると保護者は不安に感じてしまうものです。減った事実は正確に伝えますが、**「飲む量には波があるものです」**など、心配する必要がないことも伝えましょう。

1歳児

☆少しずつ大きめに刻んだものも食べられるように、慌てず進めていきましょう。

離乳食から幼児食へと移行する時期で、まだ家庭との連携が欠かせません。園ではどのようなものを食べさせる時期なのかを細かく伝え、無理強いしない形で協力を促します。

☆平熱で普段通り遊んでいましたが、食事はいつもより進みが遅く、時間がかかりました。

普段より食べる量が減った時は、体調不良が心配されます。「あまり食べませんでした」と書くだけでなく、体温や保育中に見られた他の様子もあわせてお伝えすることが大切です。

2歳児

☆今日は午前中にたくさん遊んだせいか、おかわりもしていました。

食の細い子どもがいつもよりたくさん食べられたことは、保育者にとっても、保護者にとってもうれしいことです。ぜひ保育の様子とあわせてお伝えし、喜びを共有しましょう。

☆いつも食べるのに苦労していたピーマンも、今日は食べることができました。

好き嫌いも出てくる時期です。**「大好きな○○くんの隣の席で、楽しく食事ができたからかもしれません」**など、なぜ食べられたかの理由も書き添えると、保護者の育児のヒントになります。

昼寝

ここをチェック

入眠や目覚めた時の様子に注目しておきましょう。また、いつもより寝ていた時間が短い時、寝ている時の様子が違った場合は、体調変化の可能性もふまえてお伝えします。

0歳児 眠りのリズムの変化に注目する

0歳前半ではほとんど寝て過ごしていたのが、少しずつまとまって眠るようになり、やがて、日中は午後のお昼寝1回になっていきます。そのリズムの変化を保護者とも共有しましょう。

1歳児 お昼寝時間がずれた日は報告を

ほとんどの子どもが園で決まっている「お昼寝」の時間帯で寝られるようになります。ただ、その子の状態に合わせるようにし、タイミングがずれた子は、その旨を保護者に伝えます。

2歳児 入眠時や起床時に変化があれば共有を

入眠でぐずることは減っていきます。ほとんどの子どもが同じタイミングで寝て、起きるようになっていきますが、その様子がいつもと違った時には伝えるようにしましょう。

文例

0歳児

今日は午前に10分間、午後に40分間、夕方に30分間お昼寝をしました。

0歳児のうちは、お昼寝のタイミングと、それぞれ何分間ずつ寝たかをすべて報告しましょう。**「だんだん午前中の昼寝が短くなり、午後にまとまって眠るようになってきましたね」**と変化も共有します。

今日は園のリズムのお昼寝時間に30分寝られました。

0歳後半になってくると、お昼寝が午後１回に。**「お昼寝の回数がまとまり、睡眠リズムも成長してきたことを感じますね」**と、保護者にも成長がわかるポイントとして伝えましょう。

1歳児

添い寝をしてあげると、安心して寝ることができました。

まだ入眠がうまくいかない子もいる時期です。**「みんなと一緒に２時50分には起き、30分昼寝ができました。起きる時はすっきりと目覚めたようです」**と、睡眠時間も伝えます。

寝る時は少しぐずりましたが、さわやかに起きられました。

入眠の様子、起きる時の様子も大切な情報に。**「今日は寝返りを打つことが多く、熟睡できていなかったようです。体調の変化があるかもしれません」**など、いつもと違う様子があれば伝えます。

2歳児

『○○○』という曲を聴きながら眠りました。

入眠しやすいように、静かなクラシックやオルゴールの曲をかける園もあると思います。保護者に共有すると、家庭でも寝かしつけをする時に参考にしてもらえます。

寝つくのに時間がかかり、おやつの時間がずれました。

２歳頃になると昼寝をしなくなる子も。全く昼寝をしなかった場合は、**「お昼寝がなかったので、今日は夕飯の前に眠くなってしまうかもしれません！」**と伝えておくと、保護者の助けに。

排泄（はいせつ）

ここをチェック

1歳から2歳にかけては、おむつからパンツへと進んでいくトイレトレーニングがとても重要です。園での様子を伝えて、家庭の取り組みの参考にしてもらいましょう。

0歳児

おむつ替え時の声かけが重要に

おむつを替える時に保育者がしている声かけなども、保護者に知ってもらえるといいでしょう。その声かけもトイレトレーニングの始まりであると、理解を促します。

1歳児

トイレトレーニングの様子は常に報告

トイレトレーニングが始まり、トイレに座ってみることが出てきます。どんな様子で座ることができたか、保育者がどんな声かけをしたかを伝え、家庭でも参考にしてもらいます。

2歳児

失敗があっても肯定的な言葉かけを

おむつからパンツに切り替わる時期です。おもらしなど失敗をした時も、「大丈夫です」「誰でも失敗します」と、保護者が否定的に感じないような言葉を添えることが大切です。

文例

0歳児

おむつを取り替える時は、言葉をかけるようにしています。

「おむつを替えながら“おしっこ出たね。気持ちいいね”と声をかけています」など、どんなふうにおむつ替えをしているかも伝えると、保護者も参考にしてくれると思います。

「さっぱりしたね」と声をかけるとうれしそうです。

おむつが汚れる＝気持ち悪い状態。おむつがきれい＝気持ちいい状態と、区別するのがトイレトレーニングの始まりに。**「おむつを替えると、気持ちいいのがわかっているようです」**と共有します。

1歳児

今日はおむつを替える時、トイレに座ってみました。

「トイレに座ってみると、タイミングよくおしっこができました。“すごいね！”と声をかけると、ニッコリ笑ってくれました」など、トイレトレーニングの様子を具体的に伝えます。

おしっこが出た時に「しーしー」と教えてくれました。

おむつの中でも、おしっこが出たとわかるのは大きな進歩です。**「おしっこが出た感覚がわかったのですね。すごい成長です！」**と、保護者にも進歩だとわかるように伝えます。

2歳児

自分でパンツを脱いでトイレに行けました！

ズボンやパンツを自分で脱げるようになる時期です。トイレトレーニング自体は毎日続けて行うものですが、少しでも変化や成長が見られた時には共有していきましょう。

今日は失敗してしまいましたが、大丈夫です。

失敗した時は、パンツや服を袋に入れて持ち帰るので、忘れずに知らせます。**「お母さん、お洗濯よろしくお願いしますね！」**と一言添えるとともに、子どもを責めないようにお願いします。

着替え・片づけ

ここをチェック

少しずつできることが増えますが、そのひとつが着替え・片づけです。年齢によって用意してもらう服の内容、枚数も変わると思いますので、別途おたよりなどで伝えるといいでしょう。

0歳児

着替えやすく安全な服の準備をお願いする

まだ自分で着替えることは難しいので、保育者が着替えさせます。ボタン・チャック・フードがついていないものなど、着替えや生活が安全にできる服の持参をお願いします。

1歳児

着替えに意欲を見せる様子を伝える

少しずつですが、自分で着脱しようとする気持ちが見えてくる時期です。また、自分の引き出しやロッカーに着替えた服をしまうなど、自分でできることが増えていきます。

2歳児

服装へのこだわりは保護者と相談を

手指が器用になり、自分でボタンも留められるようになります。服装について自分のこだわりが出てくる時期ですが、保護者とも共有し、保育に支障がないようにしたいものです。

文例

0歳児

チャックのついた服は顔が傷つく危険がありますので、避けていただけますでしょうか。

事前に避けてほしい服についてお願いをしていても、忘れてしまう保護者が。「やめてください」と否定的な言い方はせず、なぜ避けてほしいかも含めて伝えるようにします。

バンザイをして着替えを手伝ってくれました。

「保育者がＴシャツを脱がせる時に、"バンザイだよ"と声をかけると、バンザイをしてお手伝いしてくれました」というようなことも、０歳後半になってくると見られる姿です。

1歳児

保育者が少し手伝うと、靴下をひとりで脱げました。

「かかとが引っかかってしまうようだったので、"お手伝いするね"と保育者が少しずらしてあげると、自分で靴下を脱げました」など、どんな介助をしたのかも書き添えておきます。

脱いだ服を自分で引き出しにしまうことができました。

こう書くと、保護者から「家では全然片づけてくれません」と返ってくることも。**「おうちでは甘えたい気持ちもあるのでしょう。園ではできているので大丈夫です」**と安心につながる言葉かけを。

2歳児

活発に動けるようになってきたので、遊びやすい服装がいいかもしれません。

外遊びでは全身を使って活発に動けるようになる時期です。**「スカートだと遊具に引っかかりそうになり、少し遊びづらそうでした。ズボンなどを着せていただけると、自分の思った通りに動けて、さらに楽しく遊べると思います」**とお願いします。

今日は自分でボタンを留めて、シャツを着ることができました。

「段違いになっているところもありましたが、自分でボタンを留められました。ぜひ、たくさんほめてあげてください！」と連絡帳に書き、お迎えの際にも保護者と喜びを共有します。

体調の変化

ここをチェック

年齢が小さいうちは、こまめに検温すると思います。ただ、体温以上に大切なのは、子どもの様子を観察することです。体調の変化を報告する時は、時間や対応も伝えます。

0歳児

検温と体調変化への注意を呼びかける

体が小さく弱いこともあり、急な体調変化もありえる時期です。こまめに熱を測るとともに、ぐったりしている、顔色、便の様子など、体調の変化に目を配ります。

1歳児

体調悪化のサインを見逃さずに伝える

まだ体調の変化を自分の言葉で伝えることはできませんが、「頭をおさえている」「普段と違ってゴロゴロしている」「急に泣き出す」など、体調悪化のサインを出すことがあります。

2歳児

言葉で自分の体調を知らせることも

「おなか痛い」など、体調に異変があった時には、自分で訴えることができます。ただ、まだうまく言葉で表現できない子もいるので、1歳児までと同様に、様子は細かく伝えます。

文例

0歳児

15時頃に熱が37.8度ありましたが、機嫌よく遊ぶうちに下がりました。

0歳児は体温の変動が激しいので、少し熱が高くても、他に気になるところがなければ、少し様子を見てもいいでしょう。ただし、保護者には体温の変化があったことを伝えます。

今日のうんちは良便でした。

便の様子も、体調の大切なバロメーターです。**「このところ便秘が続いていましたが、今日の午前中におなかをマッサージしたら、午後にはうんちが出ました」**など、保護者に伝達します。

1歳児

午前中は外で元気に遊びましたが、昼寝の後にお熱を測ると38.5度ありました。

発熱があって保護者に連絡する場合は、**「昼食はごはんを残しましたが、おかずは全部食べました」**など、熱が出たとわかるまでの様子も、連絡帳に詳しく書いておきます。

脇を冷やしたところ熱が下がったので様子を見ました。

一時的に37度台後半の熱が出ても、冷やすなどの対処で下がることも。ただし、熱が高いなど少しでも具合が悪ければ、すぐ連絡をしてほしい保護者もいるので、個別に対応します。

2歳児

今日は激しい運動を避けて、お部屋で静かに遊びました。

受け入れの際、保護者から「風邪気味です」と聞いていた場合は、本人の様子や保護者の希望に応じて、外遊びや体を激しく動かす遊びを避けることも。連絡帳での報告も忘れずに。

今夜あたり熱が出るかもしれません。

「おやつの後、遊んでいた時に機嫌が悪く、熱を測ると37度台前半でした。遊びにも集中できないようで、もしかしたら今夜あたり、お熱が出るかもしれません」と気になることは伝えます。

朝の様子

ここをチェック

受け入れ時に泣いてしまった子は、その後どうなったかと保護者も気になっています。その後の様子を伝えるようにしましょう。園で毎朝行っていることがあれば、それも共有します。

0歳児

登園時に泣く子はその後の様子を共有

登園して、保護者の姿が見えなくなると泣いてしまう子が多いです。どのくらいの時間泣いていて、その後はどんな様子だったのかがわかると、保護者の安心につながります。

1歳児

気持ちを切り替えた様子を伝える

登園時に泣くことも減り、保育者が隣にいれば、保護者に笑顔でバイバイできるなど、信頼関係もできていきます。毎朝、自分のカバンをお部屋に持って行くことなどもできるように。

2歳児

朝の支度を自分でやるように

お部屋に入った後、連絡帳を提出ボックスに入れるなど、毎朝自分の「お仕事」ができるようになります。どんなお仕事をしているかも、保護者にとってはうれしい情報ですので共有を。

文例

0歳児

**お母さんと離れた後は、
10分くらいで泣きやみました。**

「泣きやんだ後は、お友だちが遊んでいる様子をじっと見ていました」など、いつ頃泣き止んで、その後どう過ごしていたのかは、時系列を追って細かくお伝えします。

朝のミルクを200ml飲んで、ぐっすり眠りました。

朝から機嫌もよく、体調もいい子の場合は、登園した後の哺乳や睡眠の様子を伝えます。**「園の環境にもすっかり慣れたようですね」**と聞くと、保護者もほっとするでしょう。

1歳児

**お母さんとバイバイした後、
保育者と手をつないでお部屋に行きました。**

「気持ちを切り替えて、園の生活に入ることができるようになりましたね。成長を感じます」とお伝えすると、特に登園後に泣いていた子の場合、保護者も成長をうれしく思えます。

**自分の荷物を片づけた後、
ままごと遊びをしました。**

園によりますが、1歳児からは朝の「お仕事」を設定している場合も。**「お部屋に着いたら、自分のカバンをロッカーに置くようお願いしています」**と、内容を伝えてもいいでしょう。

2歳児

**お部屋に入った後は、
すぐにお友だちのところへ行っていました。**

一旦は落ち着いていたのに、2歳児になると、また登園しぶりで泣くようになる子も。**「登園した時は泣いていましたが、お部屋に入った後は落ち着いたようです」**と聞くと、保護者も安心できます。

**心細かったのか、
しばらく保育者と手をつないでいました。**

お母さんの第二子妊娠をきっかけに甘えん坊になる子も。**「午前中は保育者のそばにくっついていましたが、午後からはお友だちと元気に遊んでいました」**と、元気な様子も伝えます。

遊びの様子

ここをチェック

０歳児〜２歳児は個別の遊びが多い時期です。子どもがどんなおもちゃに興味をもっているのか、どんな遊びをしているのかを伝えると、家庭での遊びにもつながります。

0歳児

感触を重視した遊びがメインに

手でさわると音が出るもの、さわった感触が楽しめるものを用意しておきます。具体的にどんな玩具や素材で遊んだかを伝えると、家庭での遊び方のヒントになります。

1歳児

動くものや自然に興味をもつように

ボールなど動くものや、石ころ・葉っぱなど、身の回りにある自然に興味が出てくる頃です。自分から手を伸ばしたり、さわったりする姿を伝えましょう。

2歳児

遊びの幅がぐっと広がる

想像力を働かせて「見立て遊び」や、２歳後半になると、保育者が鬼になって子どもが逃げるなど、集団遊びも少しずつ楽しめます。周囲と関わり始めた姿を共有します。

文例

0歳児

保育者が丸めた紙を何度もさわり、感触を楽しんでいました。

「紙がカサカサいう音も面白かったようです。荷物を包むプチプチのさわり心地も楽しんでいました」など、身近なもので遊んでいる様子も、保護者にとって参考になります。

ベビーカーに乗って、園庭をお散歩しました。

室内遊びが主な時期ですが、天気のいい日には園庭で外気浴をすることも。**「2歳児クラスのお兄ちゃんお姉ちゃんが砂遊びするのをじっと見ていました」**など、様子を伝えます。

1歳児

最近はボール遊びが好きなようで、保育者と転がして遊んでいます。

「保育者が足元に向かってボールを転がすと、上手にキャッチしてくれます」など、保育者の遊びのアイデアは、保護者にとっては「こんな遊び方もあるのか」という発見になります。

園庭できれいな石を見つけて、保育者に渡してくれました。

「お庭の隅に座って、じっと何かを見ている様子でしたが、石をひとつ拾うと、私のところに持ってきてくれました」と、目線の低い子どもならではの行動や発見を伝えます。

2歳児

積み木をケーキに見立てるなど、想像力を膨らませていました。

「"これは何のケーキ？"と聞くと、"イチゴ！"と答えてくれました。遊びを通じて、人と関わることの楽しさを感じているようです」など、この時期ならではのやりとりを伝えましょう。

保育者が鬼になって追いかけると、楽しそうに逃げていました。

保育者が鬼で、子どもが逃げる役の鬼ごっこなら、2歳児も楽しめます。**「△△ちゃんと一緒に逃げていました」**など、友だちとの関わりを感じさせる様子も伝えるといいでしょう。

散歩・戸外遊び

ここをチェック

散歩には、歩いて筋肉や体力をつける、外を歩く時の約束事を学ぶ、季節の変化や園の外の社会を知るなど、さまざまなねらいが。室外ならではの体験や成長を伝えましょう。

0歳児

外の世界を体験した様子を伝える

０歳後半になると、ベビーカーに乗ったり、保育者のおんぶや抱っこでお散歩したりすることも。環境が異なれば、きっといつもと違う反応が見られるはずです。

1歳児

周囲の自然に興味を示す

自分の足で歩く散歩はまだほとんどなく、立ち乗りの散歩車で出かけます。季節の移り変わりや出会った景色に、どんな反応を示したか書きましょう。

2歳児

公園では遊具を使った遊びができるように

外を歩く時のルールが身につき、保育者の介助があれば、公園の遊具で遊ぶこともできるように。成長が見られたエピソードをぜひ伝えましょう。

文例

0歳児

落ちていく葉っぱを興味深そうに見ていました。

園にいる時以上に、周りを一生懸命見ようとする様子が見受けられるでしょう。**「チョウや走っていく車、バイクなど、いつもとは違う世界を観察していました」**と伝えます。

近所の方に声をかけてもらいました。

園がある地域のことを知るのも散歩の役割のひとつです。まだ話すことができなくても、散歩を通じて、地域の方とコミュニケーションをとっている様子を伝えます。

1歳児

ダンゴムシを見つけて、じっと観察していました。

自然に対して興味が強くなる時期です。**「○○くんは虫に興味があるようで、指さしで保育者に教えてくれました」**と、自然とふれあう様子を保護者にもお知らせします。

保育者のお話をよく聞いて、芝生の上で遊びました。

１歳児になると、少しずつ保育者の話を聞いて、ルールを理解して行動することができるようになっていきます。外での活動を通した子どもの成長を、保護者と共有しましょう。

2歳児

みんなで上手に歩いて帰ってこられました。

２歳後半になると､近い場所への散歩なら歩いて往復できるように。**「お友だちと手をつないで上手に歩けました。少しずつ筋肉も鍛えられて、体力がついてきていますね」**と成長を伝えます。

保育者に支えてもらいながら、すべり台をすべることができました。

「ひとりですべり台ができる」と保護者が誤解しないように、**「階段を上る時も、すべる時も保育者が両手で体を支えました。とても楽しそうでした」**と、介助の内容も書いておきます。

絵本の読み聞かせ

ここをチェック

子どもが興味をもっていた絵本なら、その子の発達に合った作品ということ。保護者が絵本を選ぶ時の参考にもなるので、具体的なタイトルも伝えるようにしましょう。

0歳児

興味を示した絵本は共有を

絵がシンプルで色や形がはっきりしている、オノマトペや一言だけで進んでいくような絵本に興味をもちます。絵本に向かって手を伸ばすなど、興味をもった様子を伝えます。

1歳児

言葉の力をつける絵本の提案も

言葉を増やし、つなげて話すことを学んでいく時期なので、絵本も短めの文章で書かれているものを選びます。お気に入りの場面やフレーズも紹介しましょう。

2歳児

絵本を通じた会話を伝える

何度も読んでいる絵本だと、「次はゾウさん！」と教えてくれることも。「好きな絵本を“これ読んで”と持ってきました」など、絵本を通じて生まれた子どもとの会話を共有します。

文例

0歳児

今日は『○○○○』という絵本を読みました。

「絵本に出てきたくまのぬいぐるみをさわろうと、一生懸命に手を伸ばしていた○○ちゃんです」と、反応を示した絵本のタイトルを伝えると、保護者も絵本選びの参考になります。

犬が出てくる場面で「ワンワン」と言うと喜んでいました。

単語中心の絵本を選ぶと、0歳児も何かしら反応を見せてくれます。**「保育者が"ワンワン"と読むたびに、手をパタパタ動かして喜んでいました」**と、うれしそうな様子を伝えます。

1歳児

「○○ちゃん、朝たまご！」と喜んでいました。

「絵本の中で、お母さんが朝食に卵を焼く場面があり、反応してくれました。今朝はおうちでも卵を食べたのでしょうか？」というエピソードから、記憶力や知識がついてきたことを伝えます。

今日は『○○○○』の絵本を、最後までじっくり聞いてくれました。

「いつもは、絵本の途中で気になった遊びに移動することが多いのですが、今日は最後まで聞いてくれました。聞く力がついてきていますね」と、絵本のタイトルと一緒にお伝えします。

2歳児

「次はワンワン！」と、絵本の続きを話してくれました。

記憶力が備わり、言葉も豊かになる時期です。**「何回か読んでいる絵本なので、お話を覚えていたのでしょう。次に犬が出てくることを教えてくれました」**と様子を紹介します。

『はたらくくるま』の絵本を、「読んで」と持ってきました。

読んでほしい絵本を棚から選んで持ってくることも。**「読み終わると"もう1回"とお願いされました。○○くんは車がとても好きなんですね」**と子どもの興味・関心を共有します。

歌遊び

ここをチェック

保育者の歌を聞いて喜ぶ０歳児、一音だけは歌える１歳児、ほぼ１曲歌える２歳児と、年齢とともに成長が見えるものです。歌の世界やフリ、動きを楽しむ様子を伝えましょう。

０歳児

保育者が歌うのを聞いて喜ぶ様子が見られる

まだ自分で歌うことはできませんが、保育者が歌いながら子どもにタッチするような、手遊び歌などを喜ぶ様子が見られます。楽しんでいる姿を伝えましょう。

１歳児

歌の一部だけは歌えるように

歌の中の気に入ったフレーズや最後の一音を、一緒に歌えるようになります。フリも簡単なものならマネできることも。かわいい様子を保護者と共有しましょう。

２歳児

鼻歌も聞き逃さず伝える

少しずつ保育者と一緒に歌えるようになり、フリも一緒に踊れるように。大きな声で歌う歌は「お気に入りのようです」と紹介を。トイレなどで鼻歌を歌う場面も見られるように。

文例

0歳児

保育者が歌う季節の歌を、ニコニコ笑って聞いてくれました。

季節に合わせた歌を子どもに伝えていくことも多いでしょう。**「最近は毎日『チューリップ』を歌っています。今日もニコニコ笑顔で聞いていました」**など、歌っている曲名も知らせましょう。

保育者が手を動かすフリを見て楽しそうでした。

まだフリをまねることはできなくても、反応を見せることがあります。**「保育者が手をひらひらと動かすフリがあるのですが、○○ちゃんも手をパタパタさせていました」**と伝えます。

1歳児

気に入ったフレーズを一緒に歌ってくれました。

「○○くんは『さんぽ』のお歌が好きなようです。まだフレーズ全体を歌うのは難しいのですが、"こー！""きー！"と歌ってくれます」と、最後の音だけ歌っている様子を伝えます。

最後の手をおひざに置くポーズができました。

「お歌の最後に、両手をひざの上にポンと置く動きをマネできるようになりました。ポーズが決まってニッコリ笑うのが、とてもかわいかったです」と、保育者の感想も交えて共有を。

2歳児

「あのお歌うたって」と好きなお歌を教えてくれました。

「歌遊びの時間に、○○くんが私のところにやってきて、"くまさんのお歌"とリクエストしてくれました。大きな声で一緒に歌ってくれました」とエピソードを紹介します。

『○○○』のお歌では、一緒に歌いながら動きも楽しんでいます。

歌に合わせたフリもほぼできるように。**「犬のポーズで鳴きまねをするところがとても上手です。おうちのワンちゃんのお世話をよくしているからかな？」**などと伝えてみましょう。

お絵描き

ここをチェック

大人は「何を描いたか」に注目しがちですが、お絵描きは、手先の器用さや形を表現する力を身につけていくことに大きな意味があります。指や手、腕の使い方の発達にも注目します。

0歳児

描こうとする動きの成長に着目

まずはクレヨンを持てるようになることが最初の一歩。そこから何となく手を動かし、点々を描くようになります。点々を何かに見立てることもあるので、その成長を伝えましょう。

1歳児

手を動かし描く感覚を楽しむ姿を伝える

まだなぐり描きが中心の時期ですが、徐々に手を動かす力がついてきます。スタートとゴールをつなげて、円らしきものが描けると、保護者の顔を描こうとする子も出てくるでしょう。

2歳児

何のつもりで描いたかがわかってくる

大人には判別が難しくても、本人に聞くと「ステゴザウルス」「新幹線」「お母さん」と答えが返ってくるような、ぐしゃっとした絵を描きます。何を描いていたかも共有しましょう。

文例

0歳児

クレヨンを持つことができました。

「クレヨンをにぎったので、保育者が手を添えると、紙にチョンチョンと描くことができました。お絵描き遊びに満足そうでした」と、絵を描く行為の第一歩を喜びます。

イチゴの種を上手に描けました。

子どもが描いた点々を、イチゴの種に見立てた製作ができます。「今日はみんなが描いた点々を使って、イチゴを作りました。おいしそうなイチゴができました」と紹介を。

1歳児

○○ちゃんは、オレンジを選んで楽しそうに描いていました。

意思をもって好きな色を選ぶようになります。「○○ちゃんのカバンと同じ色だねと声をかけると、"うん！"とうれしそうでした。オレンジが好きな色なのかな？」などと共有を。

画用紙いっぱいに描いて、とても楽しそうでした。

今は思ったように手を動かすことが訓練に。「一生懸命手を動かして、画用紙からはみ出そうな勢いで描いていました。とても楽しそうでした」と、楽しく描く様子を伝えます。

2歳児

大好きな恐竜のお話をしながら絵を描いていました。

「プテラノドンの隣にいるのは、ステゴザウルスだそうです。恐竜の名前を話しながら描いていました。恐竜が好きなのが伝わってきました」と、お絵描きの様子を共有します。

お母さんを描いてくれました。

大きな円の中に小さな円を２つ描いて、人の顔を表現するように。「円の始まりと終わりをくっつけて描けるようになってきました。今日はお母さんの顔を描いたそうです」と成長を伝えます。

1日の様子

集団遊び

ここをチェック

0歳児が集団で遊ぶことはまだありません。集団で遊び始めるのは1歳後半からで、保育者が中心になって、ひとつの遊びをする形です。子どもたちの様子に注目します。

1歳児

共通の道具・遊具で遊ぶ様子を伝える

全員で協力しながら遊ぶのではなく、ボール遊びなど、ひとつの道具・遊具を使って遊ぶ姿を紹介しましょう。単純なルールは理解できますが、守れないこともまだ多いです。

2歳児

ルールを守りながら遊ぶ姿を伝える

保育者が主導することで、ひとつの遊びを共有できるようになります。ルールを守ることで楽しく遊べることも理解でき、お友だちと同じ遊びをする楽しさも覚えていきます。

文例

1歳児

三匹の子ブタごっこをしました。

「オオカミ役の保育者がおうちをトントンすると、隣のおうちにみんなで走って逃げる遊びです。子ブタ役になって、がんばって逃げていました」と様子を伝えましょう。

細い道の上をヤギさんになって走りました。

「みんなが大好きな絵本をまねて、お部屋の中に細い道をつくりました。子どもたちはヤギさんになって、道から落ちないように走ります。○○ちゃんも落ちずに走れました」と共有します。

保育者に抱っこされて逃げていましたが、楽しそうでした。

まだルール通りに動けないことも。「隣のおうちに逃げる時に座ったままだったので、保育者が抱っこして移動しましたが、楽しそうでした」と、参加して楽しんでいることを伝えます。

2歳児

「むっくりくまさん」をクラスのみんなで楽しみました。

「くま役の□□先生が"がおー！"と追いかけると、毎回ダッシュでお部屋の隅っこまで行き、隠れて逃げきっていた○○ちゃんです」と、子どもの様子を伝えます。

保育者が最初に伝えたルールをよく聞いて、理解していました。

クラス全体の発達段階に応じて、ルールは変わります。「"くまさんが起きたら、食べられないように逃げるんだよ"と伝えたことを理解して、逃げられました」など、ルールの内容を共有しても。

お友だちと２人で、すべり台のうしろに隠れていました。

「△△ちゃんと"ここがいいよ"と、すべり台のうしろに隠れることにしたようです。隠れきれていないのもかわいかったです」と、お友だちと関わって楽しむ姿があれば、ぜひ伝えましょう。

1日の様子

水遊び

ここをチェック

着替えやタオルなど、水遊びは保護者に準備してもらうものもあります。確実に持参してもらえるよう、準備物については、なるべく早めにおたよりを出せるといいでしょう。

0歳児

水を楽しむ様子に目を向ける

水着ではなく、濡れてもいい服のままで遊ぶことが多いでしょう。水を入れた洗面器やバケツなどを用意して、手でパチャパチャするなど、水の感覚を楽しむ様子を伝えます。

1歳児

水を怖がる子がいることも認識

浅く水を張ったビニールプールの中に入って、全身で水遊びを楽しみます。顔に水がかかることが平気な子もいれば、水を怖がる子もいるので、個々の様子を伝えましょう。

2歳児

道具を使った遊び方の広がりも共有する

ジョウロ、ペットボトル、水車などの道具を使うことで、水遊びの楽しみ方が広がります。プールの中にばらまいたスーパーボールを、誰がたくさんすくえるか競う遊びなども。

文例

0歳児

明日は水遊びをしますので、着替えを多めにご準備お願いします。

忘れ物がないよう、前日の連絡帳で保護者にお伝えします。**「朝着ている服のまま水遊びをしますので、濡れてもいい服を着せてください」**など、お願いしたいことを書きます。

カップに入れたお水を、自分にかけて遊んでいました。

「お水を入れたカップを持たせると、持ち上げて自分の顔にバチャッ。一瞬びっくりしていましたが、気に入ったようで何度もやっていました」と、遊びの様子を具体的に伝えます。

1歳児

水しぶきがかかって嫌そうでしたが、徐々に慣れてくると思います。

水が苦手な子は、顔にかかると嫌がります。**「お友だちが隣で激しく動いたので、顔に水がかかってしまったようです。でも少しずつ慣れてくるでしょう」**と、安心できる言葉も添えます。

お水が好きなんですね。顔にかかっても楽しそうでした。

顔に水がかかっても、全く気にしない子も。**「プールの中で手足を激しく動かしていました。泳ぐほどの深さはないのですが、泳ぎも上手そうですね」**と得意なことは絶賛します。

2歳児

ジョウロに水を入れて出す動作を、何度も楽しんでいました。

道具を使った水遊びも。**「ジョウロに水を入れて、"雨！" と言いながら降らせる遊びを何度もしていました。私もペットボトルシャワーで、一緒に雨を降らせました」**と伝えます。

ボールすくいを一生懸命やっていました。８個もすくえました。

みんなでひとつの遊びをすることも。**「保育者がプールの中にばらまいたスーパーボールを集めます。○○ちゃんは、ピンクのボールを選んで集めていました」**など、様子を伝えます。

入園

ここをチェック

担任のあいさつ、協力をお願いしたいことなどはおたよりとして全員に渡しても。そのうえで、保護者には連絡帳で「何かあればご相談ください」と書き添えておきましょう。

家庭とは違った環境が加わることを伝える

大きく変わるのは、今まで過ごしていた家の環境とは違った“保育園の環境”が加わることです。最初は不安に思うのが当然であること、慣れていけるよう園も努力することを伝えます。

共に子育てをする姿勢を伝える

保護者との信頼関係を築いていくことが、よりよい保育につながります。「一緒に○○ちゃんを育てていきましょう」という気持ちを、折にふれて伝えるようにしましょう。

ポイント 3

保護者の不安には最大限寄り添う

子育て、保育園生活が初めての保護者は不安でいっぱいです。不安が感じられる時は、「何かあればご相談ください」と連絡帳でも伝え、個別に配慮して気持ちに寄り添います。

文例

しばらく落ち着かないこともあると思いますが、おうちではゆっくり過ごしてください。

「新しい環境になったので、最初は落ち着かなくて当たり前だと思います。おうちでは気持ちが安定するように過ごしてくださいね」と、家庭での過ごし方にもアドバイスを。

おうちとは違う環境なので、不安を感じることもあると思います。

「登園した時に泣くことや、おうちに帰ってから甘えることもあると思いますが、少しずつ慣れていくよう、こちらも配慮しますね」と、不安になるのが当たり前だと伝えます。

担任の○○です。一年間よろしくお願いいたします。

すでに初日の受け入れ時などでもあいさつはしていますが、**「一年間よろしくお願いいたします」**は、連絡帳でも改めて伝えておきたいです。**「楽しい一年にしましょう」**など、一言添えても。

気になることがあれば、何でもお話しください。

初めての保育園に戸惑い、緊張が見られる保護者には、こんな一言も。**「お迎えの時などに直接聞いていただいても、連絡帳に書いていただいても構いません」**と伝えます。

最初はみんな泣いてしまいます。ご安心ください。

子どもが泣くことを不安がる保護者も。**「少しずつ園の環境に慣れてきて、お母さんとバイバイして遊べるようになると思いますよ！」**と、不安に寄り添いながら励まします。

受け入れ時、こちらも配慮するようにいたします。

「子どもが気づかないうちに園を出たい」と、保護者から要望があれば受け入れます。**「こちらも、○○ちゃんが早く慣れるように配慮しますね。しばらくがんばりましょう！」**と声かけを。

転園

ここをチェック

慣れた園からまた環境が変わり、子どもよりも保護者の不安が大きいため、それを受け止める配慮を。前の園との違いなどはたずねておき、可能な限り対応しましょう。

前の園のやり方は最初に確認しておく

保育園によって、持ち物や保育の方針は違うものです。最初のうちは、たびたび「うちの園ではこうですが、前の園ではどうだったでしょうか？」と確認するといいでしょう。

不安な気持ちに寄り添う

子ども本人は、保育者や友だちが変わるものの、保育園の生活自体には慣れているので、割とすぐに順応します。保護者のほうが環境の変化に戸惑いがちなので、注視しておきます。

転園後、期間を空けて様子を確認する

転園初日の様子はもちろんですが、転園後１週間、１カ月と少し期間を空けて、子どもの様子に変化がないかを丁寧に伝えましょう。連絡帳に加えて、口頭での伝達もします。

文例

前の園ではどういった形でしたか？

「朝はお部屋まで入らず、玄関で保育者がお子さんをお預かりしていますが、前の園ではどうされていましたか？」など、前の園のやり方も聞いて対応します。

この園ではこうしていますが大丈夫でしょうか？

「前の園とだいたい同じ形だと思うのですが、お迎えの方がいつもと違う時は、事前にご連絡をいただいています。大丈夫でしょうか？」と、戸惑いがありそうなことは確認しておきます。

ご心配はとてもわかります。十分に関わっていきます。

「○○ちゃんが元気に過ごせるか心配ですよね。こちらも十分に関わっていきますので、気になることがあれば何でもおたずねください」と、保護者の気持ちに寄り添う意思を伝えます。

この園の１日のリズムはこのような形になります。

「○○ちゃんが園で過ごす１日の予定をお伝えしておきますね。何か気になることがあればおたずねください」など、知っておいたほうが安心できそうなことはお伝えします。

前の園で慣れていたのでしょうか。スムーズに生活に入れました。

「お母さんと別れた後は少し不安そうでしたが、保育者がいくつかおもちゃを見せると、手に取って遊び始めました」など、子どもが園生活を楽しんだ様子は、積極的に伝えましょう。

転園して１週間経ちましたが、お友だちにも慣れたようです。

「△△ちゃんに、ぬいぐるみを"どうぞ"と渡すなど、お友だちと関わりをもつ姿が見られます」と、子どもが環境に慣れていく様子は、転園後も定期的に伝えていきます。

進級

ここをチェック

進級すると、担任が変わることも多く、1日のスケジュールなども少しずつ変化します。何が、どのように変わるのかも伝えますが、安心につながるような言葉かけをします。

0歳児

1歳児クラスへの期待を共有する

0歳児の一年間の成長はとても大きいものです。「一年でこれだけ成長したのですから、1歳児クラスに進級すれば、より楽しく遊べると思います」と、進級への期待を伝えます。

1歳児

一年間の成長の喜びを共有する

1歳児の一年を通して、立って歩けるようになり、言葉でコミュニケーションもでき、ぐんと成長しました。その成長がどれだけ素晴らしいかを保護者と共有しましょう。

2歳児

進級後のケアも約束する

3歳児クラスは担任の人数が減るなど、保護者が不安になる点が多いです。子どもは大人が思うよりも十分成長していることを伝えながら、進級後もフォローをすると約束します。

文例

0歳児

ミルクを飲むだけだったのが、いろいろなものが食べられるようになりましたね。

「入園当時はミルクを飲むだけだった○○くん。離乳食も初期は苦労しましたが、今はいろいろなものが食べられるようになりましたね」と、最も成長を感じる点を伝えます。

一年間お世話になりました。

どのクラスでも共通するあいさつです。「一年間、保育にご協力いただきありがとうございました。これからも○○くんの成長を見守っていますね。お会いしたら声をかけてください」

1歳児

私たちの言うことを理解して、お話しも楽しめるようになりましたね。

言葉を話せるようになるのは、1歳児の成長の著しい部分です。「私たちの言うことを理解した行動を見せるようになりました。“先生、こっち”と、二語文も話せるようになりました」

お母さんお父さんとの信頼関係が築けて、とてもうれしかったです。

「○○くんが登園を嫌がった時期は、お母さんお父さんも大変だったと思いますが、たくさんお話ししたことで、信頼関係を築けてうれしかったです」と、保護者との関係についても振り返りを。

2歳児

不安もあると思いますが、お子さんの個性は引き継ぎしていきます。

「3歳児クラスの担任にも、○○くんの好きなことや、さらに成長してほしいことなどを引き継ぎしてあります。ご安心ください」と、来年度の担任とも連携していることをお知らせします。

ずいぶんとお姉さんになり、3歳児クラスになるのを楽しみにしているようです。

「身の回りのことも立派にできています。3歳児クラスのお部屋にあるおもちゃで遊ぶのを、○○ちゃんは楽しみにしているようです」と、子どもは進級を楽しみにしていることを共有します。

個人面談

ここをチェック

家庭と園での様子を互いが理解しておかないと、保育について誤解やずれが生じることもあるので、なるべく保護者全員と時間をとって話したいことを理解してもらいます。

参加が難しい時は個別に対応する

個人面談の候補日すべてに参加ができないと返答があった時は、保護者の希望日や希望時間を確認します。面談そのものをやりたくない場合もあるので、本心をさぐります。

面談の目的をお伝えする

面談にあまり前向きでない保護者に対しては、面談を行うことが、どのように子どもに有益なのかをお伝えしましょう。目的がわかることで、時間をとってくれる保護者もいます。

ポイント 3

面談後の対応も怠らない

面談で話した内容は、基本的に連絡帳のやりとりにはせず、口頭で話すと誤解がありません。保護者がさらに話したいようなら、「必要でしたらお時間をとります」とお伝えしましょう。

文例

ご都合のよい日時を教えてください。

面談の候補日すべてに都合が合わないと返答があったら、**「こちらが設定している以外で、ご都合のいい日やお時間はありますか？できるだけ対応しますのでお聞かせください」**と伝えます。

閉園後のお時間でもご相談させていただきます。

閉園後の遅い時間を希望する保護者もいます。**「園が開いている時間だとありがたいですが、難しいようでしたら、園長にも相談して対応します」**と伝え、園長や主任に相談してみましょう。

ご家庭の様子を直接お聞きしたいです。

「連絡帳や送り迎えの際のお話だけでは伝えきれない家庭の様子をお聞きし、園の様子もお伝えして、お互いの理解を深めていきたいです」と、面談の目的について伝えます。

お話しをして、お子様のために連携をとっていきたいです。

「家庭と園のお子様の状況を共有し、よりよい保育につなげるための連携をとっていきたいです」と、面談には子どもにとってよい影響があることを理解してもらいましょう。

お忙しいところ、お時間ありがとうございました。

面談後は**「お忙しいところ、お時間をとっていただきありがとうございました。これからも連携しながら保育をしていけたらと思います」**と、時間をとってもらったことにお礼を。

がんばってくださってありがとうございます！

面談でお願いしたことを「家でやってみました」と報告があったら、**「早速がんばってくださってありがとうございます。園でもいい方向に向かっていますよ」**と、さらなる励みになるような声かけを。

保育参加

ここをチェック

保育の様子を見るだけでなく、保護者にも参加してもらう形が多いと思います。特別なことをするのではなく、日頃の保育の積み上げの結果を見てもらうことが目的になります。

0歳児

保育の環境を共有するのが目的に

保護者に保育の環境を見てもらい、家庭にもつなげることが保育参加の大きな目的です。子どもが好きなおもちゃや食事の食べさせ方など、伝えたかったことを連絡帳でも補足するといいでしょう。

1歳児

体の動かし方を体感してもらう

保護者に介助してもらいながら、子どもの体の動かし方を伝えたり、製作遊びをしたり、子どもの発達段階を体感する機会に。「こんなことができる時期です」と改めて伝えても。

2歳児

2歳児の集団遊びの理解を深める機会に

親子で一緒に集団遊びをして、２歳児の集団遊びがどのようなものなのかを体験してもらうよい機会です。保育者が気づいた子どもの反応を伝えながら、感想をたずねてもいいでしょう。

文例

0歳児

ご参加ありがとうございました。
○○ちゃんもとても楽しそうでしたね。

参加のお礼は当日お伝えしていますが、保護者から「ありがとうございました」と感想が書かれていた場合は、**「お母さんと一緒に遊べて、とても楽しそうでしたね」**と一言返します。

最初は泣きましたが、
その後はいつものリズムに戻りましたよ。

保育参加後、保護者が帰ろうとすると泣いてしまう子も。**「少し泣きましたが、保育者に抱っこされると泣きやみ、その後はいつも通りに過ごせました」**と安心できる様子を伝えます。

1歳児

少し戸惑っていましたが、
△△ちゃんのお母さんと楽しんでいました。

当日、都合がつかず欠席したことを心配する保護者には、**「最初は少し戸惑っている様子でしたが、△△ちゃんのお母さんと一緒に体操をして楽しそうでした」**と様子を伝えます。

お母さんと作った作品をお部屋に飾りました。

「昨日はありがとうございました。お母さんお父さんと作った作品を玄関横に飾りました。お迎えの時などにご覧ください」と、製作したものがある場合は、状況もお伝えします。

2歳児

またご都合のいい時に見に来てください。

園の方針によりますが、別の日に保育の様子を見てもらってもいいでしょう。**「お父さんのご都合のいい日があれば、保育の様子を見ていただけますので、お声がけください」**とお伝えします。

お母さんに見ていただけて、
○○ちゃんもとてもうれしそうでした。

２歳児は、日頃がんばっていることを保護者に披露することも。**「ダンスが上手にできるようになったのを、お母さんに見ていただけてうれしそうでしたね」**と、様子を共有します。

誕生日会

ここをチェック

保護者にとっても大切な記念日です。自分の子どもが祝われる誕生日会については、様子を細かくお伝えしましょう。誕生日当日には、お祝いの言葉も添えるようにします。

お祝いされる子の様子は必ず伝える

お祝いされる子どもは、前に出てみんなに紹介されます。全クラスが集まる誕生日会だと、0歳児は少しだけの参加になりますが、どんな様子だったかは保護者も知りたい内容です。

お祝いの言葉かけは欠かさない

誕生日には、お祝いの言葉を添えましょう。家庭でお祝いされたことを子どもから聞いた時は、「プレゼントも喜んでいましたよ」と伝えると、保護者もうれしい気持ちに。

誕生日会の様子は保育の内容として伝達

誕生日会は、お祝いされる子ども以外も楽しみな行事のひとつです。どんなことが行われて、子どもがどのように楽しんでいたのかは、保育の様子のひとつとして伝えましょう。

文例

みんなの前で、自分のお名前を言えました。

お祝いされる子は、みんなの前に出て名前を紹介されます。０歳児でも、**「保育者がお名前を呼ぶと、元気よく手を挙げてお返事できていました」**と、その様子を伝えましょう。

小さなケーキとプレゼントをもらって喜んでいました。

「園長先生から、紙粘土でできたケーキとバッジをもらった時は、少し緊張したようですが“ありがとうございます！”と言えました」など、お祝いされたことと、子どもの反応を伝えます。

おうちでもケーキを食べたと教えてくれました。

「昨日はおうちでもお誕生日をお祝いしたと○○ちゃんから聞きました。ケーキも食べたとうれしそうに報告してくれました」と喜んでいた様子を聞けると、保護者もうれしいものです。

明日は誕生日会です。お祝いしてもらえるのを楽しみにしています。

「みんなの前に出てお祝いしてもらうのを、○○くんも楽しみにしているようです」と、誕生日会の前日には、保護者にも改めてお知らせしておきましょう。

8月生まれのお友だちをお祝いした後、先生たちのペープサートを見ました。

誕生日会では、先生たちが交代で出し物をする園が多いと思います。楽しみにしている子どももたくさんいるので、保護者にもお知らせしておくと、家庭での子どもとのやりとりに役立ちます。

お誕生日会の特別メニューを楽しみました。

「お誕生日会の特別メニューだったからか食欲旺盛でした。スパゲティもフォークで食べようとがんばっていました」など、いつもと違った食事の内容に刺激を受けた様子があれば、ぜひ伝えます。

運動会

ここをチェック

運動会の日程やプログラムはおたよりを出すと思いますが、本番までの練習の様子や、運動会後のことは連絡帳で伝えます。運動会をきっかけに成長する姿に着目しましょう。

0歳児

場を体験した変化に着目を

0歳児は運動会に出ない園もありますが、出るとしても練習は特に必要ないでしょう。全体練習や運動会当日に場を体験したことで、どんな変化があったかに目を向け伝えましょう。

1歳児

失敗や成功よりも成長を伝えます

かけっこや障害物走など、競技への参加も増えます。本番当日はうまくたどり着けない子どももいると思いますが、練習を通じて、どれだけ成長できたかを伝えられるといいでしょう。

2歳児

精神面での成長にも目を向ける

かけっこを最後まで走れる子が増え、お遊技も気に入ったところは踊れるようになります。運動会後には「運動会ごっこ」で成長を促す園も。がんばる姿を心の発達とともに伝えます。

文例

0歳児

運動会の雰囲気を楽しんでいました。

「お兄さん・お姉さんのお遊戯の音楽に合わせて体をゆらすなど、運動会に参加していることを喜んでいるようでした」と、楽しんでいた様子を伝えられるといいでしょう。

応援ありがとうございました。来年の運動会が楽しみですね。

他のクラスの競技や演技から、子どもの１年後の姿を想像できるのが運動会でもあります。**「来年は○○ちゃんもかけっこで走っているのでしょうね」**と、期待を共有します。

1歳児

今日はかけっこの練習をしました。がんばっていました。

「昨日までは途中で歩いてしまっていましたが、今日はゴールまで走り切ることができました。本番も楽しみにしていてください！」と、練習で見られた成長はぜひ共有しましょう。

練習ではクリアできなかったことが、本番でできました！

「練習ではなかなか越えられなかったマットのお山も、上手に乗り越えていましたね。お父さん・お母さんの応援があったからでしょうか」と、保護者の応援への感謝も込めて伝えます。

2歳児

本番ではできなかったことも、運動会ごっこで乗り越えています。

「本番では緊張で動けずにいたお遊戯ですが、今日は運動会ごっこでかわいく踊ってくれました。自信をつけていますよ」と、運動会ごっこの様子を聞くと保護者も安心できます。

走ることが楽しくなり、三輪車がこげるようになりました。

運動会をきっかけにぐっと成長する子も。**「運動会で体を動かすことが楽しくなったのでしょうか。三輪車を自分でこいで進めるようになりました」**と、発見した変化を共有します。

発表会

ここをチェック

本番で舞台に上がれたことを大いにほめましょう。１歳児、２歳児は本番に向けた練習で努力したこと、友だちとひとつのものを作り上げたことに焦点を当て、保護者に伝えます。

0歳児

舞台の上に出られたことを喜ぶ

舞台の上に座り、名前を呼ばれて手を挙げることができれば成功です。音楽に合わせて多少体を動かす子もいるかもしれませんが、それだけで十分だと保護者にも理解してもらいましょう。

1歳児

遊びながら練習する様子を伝える

保育者に名前を呼ばれて舞台に出て、ちょっとした動きをする劇遊びに挑戦します。遊びの一環として行い、練習回数も少ないですが、練習の様子なども伝えるといいでしょう。

2歳児

練習での成長に目を向ける

動きに加えて「赤いリンゴ」「大きなケーキ」など短めのセリフも。本番で成功するかどうかよりも、練習での成長に目を向けることが大事であることは保護者にも共有します。

文例

0歳児

明日は元気にお返事ができるといいですね。

「衣装を着て、舞台上のイスに座ります。最初に保育者がお名前を呼びます。いつものように、元気なお返事ができるといいですね」と、前日などに保護者に見どころを伝えます。

きちんと舞台に座っていられましたね。

発表会明けの登園の際には、保護者からも感想が。「音楽が流れている間、きちんと座れていましたね。お名前を呼ばれた時も手を挙げられました」と、できたことを共有します。

1歳児

上手にリンゴを渡すことができてよかったです！

「大好きなリンゴを保育者に渡すのが嫌だったのか、なかなかリンゴを渡す動きが難しかった○○ちゃんですが、本番までには渡せるように。成長しました」と、伝えます。

とても大きな声でお返事ができましたね。

「保育者がリスさんを呼ぶと、元気にお返事をして、舞台に出てきてくれました。練習のたびに声も大きくなっていきました。がんばりましたね」と、成長した点を伝えましょう。

2歳児

自分のセリフもちゃんと言えましたね。

「おしゃべりが上手な○○ちゃんなので、セリフを覚えるのもとても早かったです。舞台上でも自分のセリフをちゃんと言えましたね」と、保護者に見えない部分の成長も伝えます。

お名前もみんなの前で言えて素晴らしかったです。

「１歳児の時は、舞台に出て泣いてしまった○○くんが、今年はあんなに堂々とお名前を言えて素晴らしかったです。私も感動しました」と、長いスパンでの成長を振り返っても。

遠足・親子遠足

ここをチェック

子どもだけの遠足の他、保護者にも参加してもらう「親子遠足」、園外に行くのが難しいクラスは園庭で「遠足ごっこ」をすることも。遠足を通じて起きた変化に目を向けます。

ポイント1 楽しい経験から起きる変化に着目する

園内で探検したり、シートを敷いておやつやおにぎりを食べたりする「遠足ごっこ」であっても、園外に出かける遠足と同じような楽しさが。遠足の様子や楽しむ姿を伝えます。

ポイント2 親子遠足に参加できない家庭にも配慮を

保護者参加の親子遠足には、子どもが仲立ちとなり、他の保護者との関わりを楽しんでもらうという目的も。両親そろって参加、祖父母が参加など、さまざまな参加形態に配慮も必要です。

ポイント3 遠足後の様子も伝えていく

遠足で拾った木の実で製作するなど、遠足での出来事は、その後の保育にもつながります。遠足後、外遊びが楽しめるようになった、食欲が出たなど、よい影響が見られるものです。

文例

「遠足ごっこ」で、お外でおやつやごはんを食べました。

「園庭をお山に見立てて探検した後、シートの上でおやつを食べました。いつもと違う雰囲気で、○○ちゃんもたくさん食べていました」など、遠足ごっこの様子をお伝えします。

持ち物・お弁当のご用意ありがとうございました。

遠足では、保護者にいつもと違った持ち物やお弁当の準備をお願いします。**「お忙しい中、ご準備ありがとうございました。おかげで子どもたちもとても楽しみました」**とお礼を。

ご参加ありがとうございました。とても楽しそうでしたね。

親子遠足に参加した保護者には、連絡帳でもお礼を伝えます。**「今日も親子遠足の時にしたゲームで遊びました。楽しい思い出になったようです」**など、園での様子も添えるといいでしょう。

△△ちゃんのお母さんとかけっこをしていました。

親子遠足を欠席した保護者には、様子を伝えて安心を促します。祖母と参加した場合は**「おばあちゃんのためにお花を摘んでいました。優しい気持ちが伝わってきました」**などと報告を。

外遊びが好きになったようです。

「遠足をきっかけに、クラスのみんなは外遊びが好きになったようです。今日も園庭に出て、あちこちを探検していました」と、遠足を通じた、子どもたちの変化を伝えます。

よく食べるようになりました。遠足ごっこが楽しかったのかな。

「遠足の時にお弁当を全部食べていた○○ちゃん。今まででは食べきれないこともあった昼食を、しっかり食べてくれるようになりました」など、子ども個人の変化も伝えましょう。

友だちとの遊び

ここをチェック

誘い合って遊んだりすることはまだ見られない年齢ですが、少しずつ周りの友だちへの関心は高まり、関わり方も変わっていきます。その変化をこまめに伝えていきましょう。

0歳児

友だちへの関心に着目を

まだ一緒に遊んだりはしませんが、同じクラスの周りにいる子を「友だち」と考え、関心をもっている様子や、友だちに刺激を受けて変化していく様子に着目しましょう。

1歳児

友だちのマネをする様子を伝える

友だちがブロックで遊んでいたり、粘土で遊んでいたりすると、マネをしてやり始めることが。それが入り口となり、友だちとの遊びにつながると知ってもらえるといいでしょう。

2歳児

遊びの世界で楽しむ姿を共有する

保育者が間に入ると、友だちとも遊べるように。子ども同士が「一緒に遊ぼう」と誘い合うのはもう少し先ですが、保育者が設定した遊びを友だちと一緒に楽しむ姿が見られます。

文例

0歳児

お友だちに関わりたい様子が見られました。

まだねんねの時期の子どもでも、周りの子に関心をもつものです。**「隣にいる△△ちゃんが気になるようで、自分から手を伸ばしていました。一緒に遊びたいのかな」**と伝えます。

泣いているお友だちをよしよししてあげていました。

０歳児でも、自分より小さい子をお世話しようとする姿が見られます。**「お友だちが泣いているのに気づくと、近づいて行って、よしよしなでてあげる優しさを見せてくれました」**

1歳児

△△ちゃんがブロックで遊ぶのを見て、隣で同じようにブロック遊びをしていましたよ。

「△△ちゃんが楽しそうにブロック遊びをしていたのをマネしたくなったのでしょうか。隣でブロック遊びを始めました」と、友だちの遊びに関心をもっている様子を共有します。

□□くんと向かい合って、積み木をしながらニコニコ笑っていました。

別のおもちゃで遊びながらも、互いに顔を見合わせて、気持ちが通じ合う姿が見られます。**「□□くんと顔を見合わせてニコニコ笑い、手に持った積み木を渡してあげることも」**と伝えましょう。

2歳児

今日はみんなでお店屋さんごっこをして遊びました。

保育者が提案する遊びをみんなで楽しむことができます。**「○○ちゃんと△△ちゃんは、コップに園庭の草を入れて、ジュースを作っていました」**と、どのように遊んでいたかを共有します。

△△くんにジュースを持って行ってあげていました。

「保育者が“ジュースをお客さんに持って行ってあげてください”と言うと、△△くんに“どうぞ”と渡してあげていました」など、他の子どもと関わる姿はぜひ伝えましょう。

友だちとのトラブル

ここをチェック

０歳児でも友だちのおもちゃを取ってしまうことはありますが、取り合いにまでは発展しません。１歳児、２歳児はケガなどがなければ、保護者には報告しなくてもいいでしょう。

1歳児

言葉が出てこないため トラブルに発展も

「ほしい」という思いから、友だちのおもちゃを取ってしまい、取り合いに発展することも。気持ちは成長しているものの、言葉が出てこないことで、トラブルになる場合があると伝えます。

2歳児

友だちへの意識の 成長に目を向ける

友だちを意識し始め、「隣に座りたい」「手をつなぎたい」といった思いが出てきますが、相手に拒否されて泣くことも。どのように解決したかを共有すると、心の成長が伝わります。

文例

1歳児

おもちゃの取り合いが出てきました。はずみで転んでしまいました。

「お友だちが○○くんの持っていたおもちゃを取ろうとして、はずみで転んでしまいました。大変申し訳ありません。以後、気をつけて見ていきます」と報告し、謝罪をします。

いつも座っている場所に他の子が座っていて、怒ってしまいました。

気持ちが収まらず、長く泣いていた時は保護者にも伝えます。「悔しかったようで長く泣いていました。10分くらいすると、お友だちと仲よく遊んでいました」と安心できる書き方に。

お友だちにひっかかれてしまい、傷ができてしまいました。

「すぐに洗い流し、消毒をしました。こちらの管理が行き届かず大変申し訳ありません。何かありましたらお知らせください」と、相手の子の名前は出さず、行った対処を報告します。

2歳児

お友だちとおもちゃの取り合いをしてしまいました。順番を待つことを伝えました。

「お友だちとおもちゃの取り合いがありました。保育者が間に入り、"誰かが使っている時は、終わるまで待とうね"と伝えました。理解してくれたようです」と対応を伝えます。

手をつなぎたいお友だちがいるようです。

「外遊びの時に、お友だちの隣に行って手をつなごうとしていました。仲よしになりたいのかな？」など、もし意思疎通がうまくいかず泣いたとしても、そこは伝えないでおきます。

△△先生と手をつなぎたくて、他のお友だちと競争していました。

保育者を友だちと取り合うこともよく見られます。あまりトラブルが起きたようには報告せず、「○○くんは△△先生がとても好きなようですね」と、保育のひとつの場面として伝えます。

異年齢とのふれあい

ここをチェック

2歳児までは主に年上のクラスとのふれあいになります。お世話をしてもらったり、一緒に遊んだりして、うれしそうだった様子を伝えると、保護者も温かい気持ちになります。

0歳児

お世話を受ける様子を伝える

大きいクラスの子たちがお世話を手伝いに来ることがあります。保育者の手を借りるのを嫌がる子どもも、お兄ちゃん・お姉ちゃんの言うことは聞くことが。ほほえましい様子を伝えます。

1歳児

年上の子どもとの関わりに着目する

大きいクラスの子どもたちと一緒に遊ぶ機会も増えます。給食やお昼寝の準備を手伝いに来てくれることも、1歳児たちにはうれしいものです。関わる様子に目を向けて報告します。

2歳児

遊びを通じた関わりが増える

1つ上の3歳児クラスの子どもたちと一緒に遊ぶことが増え、「ごっこ遊び」のやり方などを学んでいくことも。年上の子と関わりながら、新しい遊びを楽しむ姿を伝えます。

文例

0歳児

今日は5歳児クラスに遊んでもらい、うれしそうにしていました。

「午後は5歳児クラスのお兄ちゃん・お姉ちゃんと一緒に遊びました。上手にコップを重ねるのを見て、パチパチ拍手をする○○ちゃんでした」と、楽しく遊ぶ様子を伝えます。

お兄ちゃんの言うことを素直に聞いて、お昼寝していました。えらいですね。

「5歳児クラスのお兄ちゃんに、"お昼寝しようね"と言われるのを聞いて、布団に入りました。えらいですね」と、保育者よりも素直に言うことを聞くことも。お世話をされる様子を共有します。

1歳児

なかなか昼寝ができず、年長のお兄ちゃんと遊んでもらい、その後はぐっすり眠れました。

5歳児クラスはお昼寝がないこともあり、眠れない下のクラスの子たちの遊び相手をしてくれることも。「30分ほど遊んでもらって満足したのか、その後は昼寝をしました」と報告を。

大好きなお兄ちゃんが来てくれて、とても喜んでいました。

1歳児クラスになると、顔を覚えて、人気のあるお兄ちゃん・お姉ちゃんも出てきます。「○○くんの大好きなお兄ちゃんが一緒に体操してくれて、○○くんも元気いっぱい体操しました」と伝えます。

2歳児

3歳児クラスのお姉ちゃんに混ぜてもらって満足そうでした。

「今日は3歳児クラスと園庭で遊びました。お姉ちゃんたちのケーキ屋さんごっこに混ぜてもらい、○○ちゃんも満足そうに遊んでいました」と、関わる様子を伝えましょう。

年長クラスに手をつないでもらって、お散歩に行きました。

2歳児になると、上のクラスに対するあこがれも。「保育者だと嫌がってしまうこともあるのに、お兄ちゃん・お姉ちゃんとは、しっかり手をつないで歩けます」と様子を共有します。

思いやりを見せた

ここをチェック

0歳児でも、泣いている子を気づかう姿が見られます。家庭ではお世話される側でなかなか見ることができない姿なので、共有すると、保護者にとってはうれしい驚きになります。

0歳児

悲しむ友だちを理解する様子も

自分で体を動かせるようになると、泣いている子に近づいて行き、なでたり、近くにあるおもちゃを渡したりすることが。人が悲しんでいることを理解している姿があれば共有します。

1歳児

お世話したい気持ちの芽生えも

0歳児や友だちができないことをお世話しようとする姿があれば伝えます。泣いている子のそばで心配そうな顔をしたり、保育者を呼びに行ったりと、行動も広がる頃です。

2歳児

友だちが泣く理由を察する姿を紹介

友だちが泣いている理由を察するように。おもちゃを取られて泣く子には他のおもちゃを渡してあげますが、いたずらを怒られて泣いている子には「しょうがない」という顔をします。

文例

0歳児

泣いているお友だちをなでてあげて、優しいところを見せてくれました。

「隣にいたお友だちが泣いていると、手を伸ばしてなでてあげていました。優しい姿を見られて、私もうれしい気持ちになりました」と、保護者にも様子を伝えます。

泣いているお友だちのそばに行ってあげ、思いやりのあるところが見られました。

「優しいですね」と書くと、保育者が評価をしている印象にも。**「泣いているお友だちがいると、近づいておもちゃをあげた○○くん。思いやりを見せてくれました」**という表現に。

1歳児

靴下をはこうとしているお友だちのところに行って、助けていました。

「靴下がうまくはけないお友だちに気づくと、そばに行き、一緒に引っぱってあげていました。お手伝いしたい気持ちがあるのですね」など、優しさを感じる様子を伝えます。

泣いているお友だちがいるのを知らせてくれました。

「○○ちゃんが私のエプロンを引っぱるので、"どうしたの？"と聞くと、泣いているお友だちを指さして教えてくれました」と聞くと、保護者も子どもの成長を感じられるでしょう。

2歳児

転んで泣いてしまったお友だちの隣に座り、なぐさめていました。

「転んで泣いていたお友だちのところに行った○○ちゃん。隣に座って、"泣かないで"と背中をトントンしてあげていました」と、言葉でなぐさめるのは２歳児ならでは。ぜひ共有しましょう。

おもちゃを取られたお友だちに、代わりのおもちゃをあげていました。

「おもちゃを取られて泣いてしまったお友だちに気づくと、代わりのおもちゃを持って行ってあげていました。泣いている理由がわかったのですね」と、成長を感じる点も伝えます。

悔しい思いをした

ここをチェック

努力したのにうまくいかなかったことに「悔しさ」を感じられるのは、1歳児頃からです。悔しい気持ちを感じるのは、感情面で成長した証であると保護者にも伝えましょう。

1歳児

悔しさが芽生える頃

少しずつ「悔しい」という気持ちが芽生えていくことを伝えます。例えば、おもちゃの取り合いも、互いに「嫌だった」から「悔しい」に発展し、長く泣いてしまうかもしれません。

2歳児

成長の証だと伝える

自分がやろうとしたことができない時、できると思っているのにできなかった時に、はっきりと「悔しい」という気持ちが出てくる時期です。保護者にも成長とのつながりを伝えます。

文例

1歳児

パズルが思うようにできず、悔しくて放り出してしまいました。

遊びがうまくできないと、悔しくて泣いてしまうことも。**「もう"悔しい"という気持ちを感じられるのですね！　保育者が手伝って成功しました」**と感情面の発達を伝えます。

おもちゃの取り合いになり、悔し泣きしていました。

「いつもなら、他のおもちゃを見せると気持ちが切り替わるのですが、今日はなかなか泣きやみませんでした。成長して、悔しさを感じているようです」と、肯定的な目線を共有します。

靴が履けずに悔しそうでしたが、見守りました。

「足が靴に入らず怒ってしまいましたが、見守っていると、自分で履こうとがんばっていました。保育者が少し手を貸して成功しました」など、どう対応したのかも保護者のヒントに。

2歳児

三輪車がうまくこげなくて、悔しがっていました。

「達成したい気持ちは大切にしたいと思います。"がんばろう"と声をかけると、気持ちを立て直し、保育者が少し手を貸すなどして練習しました」と、悔しさを感じた後の状況も伝えます。

今までできなかったことを達成できました！

「今日は、ついに三輪車を自分でこいで進むことができました！今までがんばってきただけに、とてもいい笑顔を見ることができました」など、その後の様子も忘れずに伝えましょう。

悔しい思いが力になったのでしょうね。

「悔しくて泣いてしまったことが力になって、あきらめずに挑戦できたのだと思います。○○ちゃんの成長を見守れてうれしいです」と、悔しさがよい結果に結びつくことを共有します。

人との関わり

保育者との関わり

ここをチェック

子どもの様子を見守り続けている保育者だからこそ、関わりを通じて見えてくる子どもの発達・成長の兆しがあるはずです。ほほえましい出来事なども保護者にぜひ伝えましょう。

0歳児

愛着関係の形成に着目する

愛着関係を築く時期で、日々関わる大人を「信頼していいのか？」とさぐります。保育を通じて、愛着関係が築けていると感じた時は、保護者に伝えると安心につながります。

1歳児

言葉での指示を聞ける成長を分かち合って

1対1の関係が多かった0歳児から、子どもの集団と保育者の関係に。保育者の言葉の指示を聞いて動けた時は、子どもの成長と信頼関係が築かれている喜びを保護者にも伝えましょう。

2歳児

子どもからの言葉は保護者にも共有を

保育者の言葉を信頼するとともに、自分の意思や要求も伝えられるようになります。子どもから伝えられた言葉、報告があった内容は、保護者にも連絡帳を通じてぜひ共有したいです。

文例

0歳児

スキンシップをして、安心感を与えていきたいと思います。

入園間もない頃は、**「言葉かけをたくさんして、スキンシップも多くしていきたいと思います。〇〇ちゃんに安心感を与えることができたらうれしいです」**と、保育者の思いを伝えます。

私が抱っこしたら落ち着きました。

「他のクラスの先生がお部屋に入ってきたら泣いてしまいましたが、私の抱っこで落ち着きました。信頼関係が築けていたと感じてうれしくなりました」と、変化を感じた時は報告を。

1歳児

保育者の話をきちんと聞いて、園庭で遊ぶことができました。

「“すべり台は順番を守って遊ぼうね”という保育者の話を聞き取ることができ、その通りに行動できています」と、集団と保育者との関係性が築かれていると感じる出来事を伝えます。

「座って待っていてね」と声をかけると、きちんと待てるようになりました。

「クレヨンを取ってくる間、“座って待っていてね”と声をかけると、待っていてくれました。私の言葉を聞いて理解してくれているのだと感じます」など、成長を感じるやりとりを伝えましょう。

2歳児

園庭で転んだ時に「ひざ痛い」と自分で教えてくれました。

「今日、園庭で転んでひざをケガしてしまいました。保育者が駆け寄ると、“ひざ痛い”と言葉で教えてくれました」と、ケガについての報告と交えて、成長が伝わるエピソードを共有します。

ままごと遊びに、赤ちゃん役で混ぜてくれました。

友だちよりも先に、保育者を遊びに巻き込むようになります。**「“先生、赤ちゃんね！”と赤ちゃん役にしてくれ、横になって寝ると、お布団をかけてくれました」**と、クスッと笑える話を交えても。

家庭内での関わり

ここをチェック

言葉が発達してくる１歳後半頃になると、子どもから家庭内の出来事を話してくれます。やりとりを通じて、子どもの家族への思いや、心の成長を保護者に伝えましょう。

うれしそうな報告は保護者と共有する

子どもがうれしそうに報告してくれた出来事は、「こんなことを話してくれました」と保護者に伝えることで、「そんなにうれしかったのか」とわかります。まれに願望を話すことも。

家庭でのしつけも効果を伝える

やってはいけないことなど、家庭でのしつけについて子どもが話すことも。しつけが身についている証拠として報告すると、保護者も子どもが理解していることがわかるでしょう。

心配なことはあえて報告しない

「パパとママがケンカした」など、あまり外に知られたくない情報もあるでしょう。その場合はあえて伝えません。ただし、子どもに影響があると感じた場合は、そっとたずねてみます。

文例

おばあちゃんが遊びに来たのを、うれしそうに報告してくれました。

「“おばあちゃん来たの。新幹線くれたの”と、おばあちゃんに買ってもらったおもちゃの絵を描いていました」という園の様子から、子どもの喜びの大きさを保護者も感じ取れます。

パパとお出かけして、ハンバーガーがおいしかったそうです。よかったですね。

「昨日はパパとお出かけしたのですね。ハンバーガーについていたおもちゃがうれしかったと聞きました。楽しい休日でしたね」と、子どもの記憶に残っていることを、保護者と共有します。

「お母さんに脱いじゃダメって言われた」と、着替えるのを嫌がっていました。

「着替えるのが嫌だったようですが、汚れていたので着替えさせました。お気に入りの服だったのかな？」と、子どもの嘘と思われる出来事も肯定的に捉えて伝えます。

靴をそろえるように、おばあちゃんに言われたのですね。

「靴をきれいにそろえていたので“すごいね”と言ったら、おばあちゃんから言われたと聞きました。言われたことを守れていますね」と、しつけが身についていることを伝えましょう。

「ママが病気」と話していました。お加減いかがですか？

送り迎えの人がいつもと違った時など、**「○○ちゃんに聞くと、“ママが病気”と心配そうでした。お加減いかがでしょうか？」**と伝えると、保護者も子どもの優しさにふれることができます。

○○ちゃんの様子が少し違うようでした。何かありましたか？

実は「パパとママがケンカした」と子どもから聞いていても、「ケンカしたんですよね？」とは聞きません。**「子どもの様子に気になることが」**と、子どもを軸にして話を聞きます。

連絡帳コラム②

運動会や発表会は本番の成功より練習中の努力こそが成長につながることを保護者に理解してもらいましょう

運動会や発表会は何のために行うのか？　私は「ルールを守る」「他の人と一緒に何かを成し遂げる」「最後までがんばる」など、保育の目的を達成するひとつの場だと考えます。決して、運動会や発表会をやること自体が目的ではありません。なので、本番でうまくできるかどうかではなく、本番に向けてどれだけがんばったかが、最も着目すべき点です。

運動会や発表会のあいさつで保護者に必ずお話しするのは、「昨日までできていた子が失敗するかもしれません。でも、今日までの練習で素晴らしい力をつけているので、がっかりするのは子どもに失礼です。どうか“よくがんばったね”とほめてあげてください」ということです。保護者から「先生の言葉を聞いて、本番で失敗したわが子に“十分がんばった”という気持ちになれました」と言われた時は、思いが通じたのだとうれしかったです。「失敗してもいいんだ」という気持ちが保護者の中で育っていたら、子どもも努力を認めてもらえることがわかり、失敗が怖くなくなるでしょう。そして、本番後にぐっと成長を見せるのだと思います。そのためにも、運動会や発表会の本当の意味を、保育者から保護者にお伝えしていきたいですね。

Part3

よくある連絡帳の悩みへの対応例

子どもと同様、保護者にもさまざまな方がいます。時には連絡帳に書かれた内容に、どのように対応したらいいのか判断がつかない場面もあるでしょう。ここで紹介する対応・文例を参考にしながら、周りの保育者、主任や園長とも連携していきましょう。

対応に悩む 保護者・相談の場合

答え方に困る内容が書かれていたら？

保育者から見て、疑問に思うような保護者もいるでしょう。また、答え方に困るような内容が連絡帳に書かれていることもあるかと思います。ですが、そんな時も書き方の基本はこれまでと同じです。保護者との信頼関係が築けるよう、相手の気持ちに寄り添う姿勢が必要です。

困った時のヒント

いきなり用件に入らず、あいさつから始める

いきなり用件に入ると、攻撃的な印象になってしまいます。まずは「いつも園の保育にご協力いただきありがとうございます」と、感謝のあいさつから始め、心を落ち着けてから本題に入りましょう。

保護者を否定する言い方は絶対にNG！

保護者の考え方や行動が、保育者の考える育児の常識と外れていても、「それは違います」とストレートな否定はしません。相手の気持ちを閉ざすだけだからです。「こちらはこのように対応していましたが、いかがでしょうか？」と、相手に聞き返す言い方に。

ひとりで解決できなくても大丈夫です

どう答えたらいいのか、どう対応したらいいのかと悩んだ時は、同僚の先生や主任、園長などに相談してみましょう。自分ひとりでは判断できないと思った時は、「主任や園長にも確認をしてお返事させていただきます」と保護者に対して答えるようにします。

保護者のタイプに合わせて対応を変えましょう

子どもと同様、保護者の性格もそれぞれです。神経質な保護者もいれば、荒っぽい保護者もいます。神経質な保護者には「これから一緒に考えていきましょう」と丁寧に、荒っぽい保護者には「私もがんばります！　一緒にやりましょう！」と明るく、答え方も変えます。

保護者に寄り添う気持ちは常に忘れずに

保育のプロである保育者から見ればありえないような要望でも、保護者は真剣に考えていることも。そんな時は頭ごなしに否定せず、「お母さんの気持ちはよくわかるのですが、子どものためを考えると少し難しいかもしれません」と、気持ちに寄り添う言葉かけをしましょう。

ケース1 連絡帳に書くことが思い浮かばない

連絡帳の悩み

その日の保育で特に印象に残ったことや、目立った話題がない時は、連絡帳にどんなことを書けばいいのでしょうか？　保護者との信頼関係が育めるような内容を書きたいと心がけてはいるものの、なかなか思いつきません。

★その日の保育の内容を書きます

連絡帳の目的は、園での生活を保護者に伝えること。保育の内容を書くだけでも十分です。特記することがないのは、問題が起きることなく、穏やかに想定通りの保育ができているということ。気に病まなくてもいいのです。

★何人かに同じ内容を書いてもOK

「○○ちゃんは△△をして遊びました」など、ひとりひとりに焦点をあてた内容を、全員に書かなければいけないわけではありません。その日の保育の内容など、何人かに共通する事項であれば、同じことを書いても差し支えありません。

文例

午前中はお部屋でお絵描きを楽しみました。

その日にどんな保育を行ったのかわかるだけでも、園での様子が気になる保護者にはうれしい情報です。「**○○くんはお気に入りの青のクレヨンを使って、一生懸命描いていました**」など、その子の様子を伝える一言があると、「しっかり自分の子を見てもらえている」と保護者はより安心できるでしょう。

今日は十分に寝ることができました。起きた時も機嫌がよかったです。

０歳前半であれば、園にいる間によく眠れていたか、起きた時に機嫌がよかったかなど、睡眠について伝えるのも重要です。ありのままの様子を書くだけで、保護者にとっては大切な園生活の情報になります。

お部屋の中で、保育者と手作りおもちゃで遊びました。

０歳後半になり、睡眠や授乳以外の活動をすることもあるなら、その日の活動について保護者にも伝えていきましょう。たとえ昨日とあまり変わらない活動をしていたとしても、保護者は「園で日々どんなふうに過ごしているのか」を知りたいと思っています。

○○公園へ散歩に行き、砂遊びをしました。

お散歩や外遊びの機会も増えてくる１歳後半～２歳児は、ぜひ活動の様子を伝えましょう。特に２歳児は、保育者を中心に何人かでひとつの遊びをすることも。その場合は何人も同じ内容を書いて構いません。また、同じ遊びをしていたお友だちの名前を挙げて伝えると、お友だちとの関わりが気になる保護者の安心にもつながります。

今日も一日元気に過ごせました。

「今日は」ではなく「今日も」とすることで、以前と同じことを書いていたとしても、今日も昨日もその前も、継続してきちんと様子を観察していると保護者に感じてもらえます。シンプルな内容もちょっとした書き方で印象が変わります。

連絡帳を書く時間がどうしてもとれない

連絡帳の悩み

大きな行事が近づくと準備に追われてしまい、ひとりひとりの質問に答えていこうとすると、子どものお迎えの時間までに連絡帳を書き終えることができません。どうしても連絡帳の返事が書けない時は、どうしたらいいのでしょうか？

★目を通していることだけは伝えます

保育の状況や時期によっては、連絡帳を書く時間がとれないこともあるでしょう。ですが、そんな時も連絡帳に目を通すことは欠かしません。そして、目を通していることだけは保護者にも伝わるような方法を考えておきましょう。

★時間がないとわかっている時は対策を

行事がある日など、個別に連絡帳のお返事を書く時間がないとあらかじめわかっている時は、「今日は〇〇動物園へ遠足に行きました」など、その日の様子を伝える文章をプリントして、連絡帳に貼るなどの方法もあります。

文例

今日は、午前中みんなで砂場遊びをしました。

全員に違った内容を書こうとすると時間が必要です。時間が限られている時は、その日の保育の様子など共通した内容でも十分な報告になります。回答が必要な相談を書いている保護者には**「後ほど回答させていただきます」**と書くか、口頭で伝えましょう。

○○ちゃんがかわいいシールを貼ってくれました。

個別にお返事は書けないものの、連絡帳の確認をしていることを伝えるため、シールを貼ったり、スタンプを押したりする園もあります。2歳児であれば、子ども自身に好きなシールを貼ってもらうと、保育者と保護者、子どもとの共通の話題にもできます。

確認しました！

全く何も書かれていないと「読んでもらえていないのかも？」と心配になる保護者もいます。ひとまず目は通していると伝わるような一言を書くだけでも違います。かわいいスタンプをいくつか用意しておき、それを押す方法もあります。

困った時は

日常的に書く時間がないようなら園長・主任に一度相談を

日常的に連絡帳を書く時間がないほど業務に追われている場合は、一度、主任や園長に状況を相談しましょう。また、年度始めなどに、園から「保育の関係で連絡帳のお返事が書けない日もございます」と伝えてもらうと、返事がない日も保護者に心配をかけずにすみます。

園や保育者への苦情が書かれていた

連絡帳の悩み

連絡帳に「昨日“お迎えの時間が遅くて、○○ちゃんが寂しそうです”と言われて、とても傷つきました」と苦情が書かれていました。こちらの落ち度であることは理解していますが、どのように答えれば納得していただけるでしょうか？

★感情的にならず謙虚な気持ちで答えます

失敗を責められるのは誰であっても嫌なことです。つい感情的になりそうなところを堪（こら）えて、指摘をいただいたことに感謝の気持ちをもちましょう。連絡帳に書く前に、別の紙に下書きして、他の先生に見てもらうと安心です。

★連絡帳で完結させず口頭でも謝ります

連絡帳でもお返事はしますが、お迎えの際など、直接保護者と会った時には「連絡帳に書いていただいた件ですが」と、直接お伝えもしましょう。内容によってはリーダーや主任にも報告し、一緒に謝ってもらいます。

文例

そのように聞こえてしまったこと申し訳ありません。これから改善できるよう努力してまいります。

保育者の発言や態度についての苦情であれば、改善の努力を申し出るしかないと思います。他の先生に対する苦情であれば、**「そうでしたか。□□先生にも伝えておきますね」**として、中立の立場で答えます。

こちらの確認不足で大変失礼いたしました。今後はこのようなことがないよう努力いたしますので、引き続き、ご理解ご協力よろしくお願いいたします。

「着替えが入れ替わっていた」など、些細（ささい）な失敗に対する指摘なら、丁寧な謝罪で十分でしょう。人によっては笑い話ですむことを連絡帳に書いてくるということは、神経質な性格の保護者なのだと覚えておき、今後につなげます。

貴重なご意見ありがとうございます。園長にも相談し、後ほどお返事を差し上げます。

「37.5度を超えたらすぐに呼び出されて困る」など、園に対する苦情の場合は、自分ひとりで判断して答えることができません。いただいた内容を受け止めたことは伝え、園長に苦情の内容を共有して対応をあおぎましょう。

困った時は

保護者からの苦情はひとりで対応せず他の担任、主任などと共有します

保護者からの苦情は、すべて他の担任や主任と共有しておきましょう。主任から「これは担任からの謝罪でOK」「これはこちらで対応します」と、適切な対応について判断してもらうことができます。連絡帳に書く返事も、事前に主任などに確認してもらうとよいでしょう。

保護者が連絡帳を書いてくれない

連絡帳の悩み

いつも連絡帳に何も書かれていない保護者がいます。送り迎えの際に話す限りは、きちんとした人という印象なので、ただ忙しくて忘れてしまっているのか、ネグレクトの傾向があるのか、判断がつきかねています。どうしたら書いてもらえるでしょうか？

★書いてくれないことを責めてはいけません

「書いていただけないと困ります」など、保護者を責める言葉は逆効果です。書くことが苦手な場合もあるので、どんな短い一言でもいいので、書いてもらえることが、よりよい保育につながることを伝えましょう。

★一言でも書いてもらえたら喜びましょう

もし「見ました」という一言だったとしても、書いてもらえた時には「ありがとうございます！書いていただけてとてもうれしいです」と心から喜んでいることを伝えます。それが励みとなり、継続して書いてもらえることも。

文例

★最近、○○ちゃんはおうちで どんなことをして遊んでいますか？

何を書いたらいいのかわからず、空白のまま提出する保護者もいるかもしれません。保育者から保護者に聞いてみたいことを質問してみると、それに答えればいいのだとわかり、書きやすくなるかもしれません。

★確認いただけたら「見ました」と一言でもいいので書いていただけるとありがたいです。

保育者が連絡帳に書いたことを、見ていただいているかどうかだけでもわかれば、こちらも対応しやすいです。**「"見ました"の一言でも、サインでも構いませんので、確認の印をお願いします」**ということから始めてみましょう。

★何か気になることがあれば、お会いした時で構いませんのでお話しください。

送り迎えで会うことができる保護者なら、確認が必要なことは顔を合わせた時にお伝えしましょう。連絡帳には、保護者からの記入がないことは気にせず、他の子どもと同じようにこちらからお伝えしたいことを書いておきます。

困った時は

多忙や忘れているようでなければ 虐待を想定した対応も検討します

単純に忙しくて書く時間がない、書き忘れたのなら、顔を合わせた時に「書けなくてすみません」の一言があると思います。そうではなく、持ち物に関してのお願いも全く反応がないなどネグレクトの心配があるなら、P214「子どもへの虐待が疑われる場合」を参考に。

ケース5

いつも一言しか書かれていない

連絡帳の悩み

ほとんど毎日「元気です！」「わかりました」と一言しか書いてくれない保護者がいます。保護者が一言しか書いていないのに、こちらがあまり長く書くのはプレッシャーになるかもと気になり、どのような内容を書いたらいいのか悩んでしまいます。

★保育者を信頼しているからこその言葉と受け取りましょう

園や保育者がきちんと保育にあたり、成長を見守ってくれていると感じているため、「こちらから特にお伝えすることはありません」という信頼感ゆえのメッセージなのでしょう。書きたいことがあれば、長く書く日もあると思います。

★保育者としては変わらず子どもの様子を伝えます

保護者からのコメントが短いからといって、保育者も合わせる必要はありません。これまで書いてきた内容で保護者は安心してくれていたのですから、今まで通り、毎日の保育の様子や成長が見えた点などを伝えていきましょう。

文例

☆いつもお返事ありがとうございます。

保護者に対して、「信頼の気持ちは伝わっていますよ」という気持ちを込めた一言を書き添えるのもいいでしょう。保護者の中でさらに保育者を信頼する気持ちが高まり、「それならば…」と何か相談があるかもしれません。

☆今日はお部屋でお絵描きをしました。お母さんの顔を描いていましたよ。

基本的には他の子どもの連絡帳に書く内容を、同じように書いていくのでよいと思います。毎日の保育の様子が目に浮かび、子どもの発達が今どの段階にあるのか、家庭で働きかけるべきことがわかる内容をお伝えします。

☆園でもとても元気に過ごしました！

「元気です」の答えとして、ユーモアとしてこんな一言ですませる日があってもいいかもしれません。いつもと違う調子に「あれ？」となって、保護者からいつもよりも長いお返事があるかもしれません。

☆保育参加の出席についてはいかがでしょうか？お返事いただけますとありがたいです。

確認しなければならないことに対して返事をもらえていないようであれば、改めて連絡帳に書いて聞きましょう。送り迎えの時に顔を合わせる保護者であれば、連絡帳に書いたうえで、口頭でも確認するとスムーズです。

☆お忙しそうですね。またお時間がある時におうちでの様子も聞かせてください。

それまで文章を書いていたのが、急に一言のメッセージが続くようになった保護者であれば、仕事などが多忙なのだと考えられます。「お時間がある時に」の言葉で「書けるタイミングでいいですよ」という優しさが伝わります。

ケース6 プライベートな内容が多く文章が長い

連絡帳の悩み

毎日びっしりと連絡帳を書いてくれる保護者がいます。ありがたいのですが、内容が「パパはまた飲み会で帰りが遅く、酔っ払って帰ってきたことに文句を言ったらケンカになりました」などプライベートな内容も多く、どう返事をしたらいいか困ります。

★気持ちの整理のために書いていることも

夫婦関係や嫁姑問題などは、なかなかママ友や職場の人にも話しづらいものです。家族のことも知ってくれている保育者は話しやすいうえに、聞いたことを外に漏らさないだろうという信頼もあるのでしょう。

★内容に踏み込みすぎる必要はありません

保育者はプライベートな内容にひとつひとつ返答しなくて構いません。「大変ですね」など、ねぎらいの言葉をかけるだけで十分です。深刻そうな場合には、「お時間のある時にお話を聞かせてください」と直接聞く時間をとっても。

文例

お母さんもがんばってるんですね。お仕事も大変そうですよね。

まずは保護者へねぎらいの言葉をかけましょう。特に母親は**「それは大変でしたね」「お疲れさまでした」**など、ねぎらいの言葉をかけてもらう機会があまりないので、保育者から気持ちに寄り添う言葉をもらえると、とても元気づけられます。

○○ちゃんは今日も元気に過ごしましたのでどうぞご安心ください。

夫婦ゲンカや嫁姑のもめごとなど、家庭内で問題があると、子どもにも影響が出るものです。保護者もそれを心配していることがあるので、園での様子がどうだったかを伝えると安心されるでしょう。

また何かあったらいつでも聞かせてくださいね。

内容に踏み込んだアドバイスは必要ありませんが、「聞く」姿勢を見せることは大切です。保護者個人のことや家族のプライベートな内容であっても「聞いてもらえる」と思えることは、大きな信頼感につながっていきます。

困った時は

問題が深刻化しているようなら園長や主任、専門職に相談します

連絡帳に書くことで気持ちが落ち着いているうちは問題ないのですが、問題が深刻化していると感じる時は、主任や園長にも共有して、話を聞く時間をとってもらいましょう。園にカウンセラーや心理士がいる場合は、対応について相談するといいでしょう。

ケース7

ひとり親家庭の場合

連絡帳の悩み

ひとり親家庭の保護者への連絡帳を書く時に、何か配慮したほうがいいことはあるでしょうか？　仕事もお忙しいようで、なかなかゆっくりお話しする時間もないので、困りごとがあるようなら、連絡帳で伝えていただきたいと思っているのですが。

★特別扱いする必要はありません

変に気を遣いすぎると、向こうもそれを感じて身構えてしまうことも。特に気をつけるのは「父の日」「母の日」などの行事です。クラスにひとり親の子がいるなら、「家族の日」という形にするなどの配慮をしましょう。

★困りごとの相談は個別に対応しましょう

ひとり親であっても、何ができて何ができないかは、働き方や祖父母に助けてもらえるかなどで個人差があります。「これができません」「この行事は参加できません」などの相談があれば、その時々で最適な対応を考えましょう。

文例

親子遠足は欠席とのこと承知しました。後でお写真をお見せしますね。

ふたり親ならどちらかが参加できる行事も、ひとり親では参加が難しいことがあります。行事の参加を呼びかける際にも、**「どうぞご無理ないようにしていただけたら」**と気遣いの言葉を書き添え、欠席の際もフォローをするようにします。

今日は「家族の日」でメダルを作りました。見てあげてください。

行事に関しては、ひとり親の子どもが参加できないことのないよう配慮が必要です。運動会でも、保護者２名の参加が必須となるような競技は見直します。さまざまな家族形態があることを前提に行事を計画します。

父母会の会費はいかがでしょうか？いつ頃お持ちいただけそうですか？

ひとり親家庭は、フルタイム勤務が難しい場合もあり、経済的に困窮していることも珍しくありません。教材費や父母会の会費なども遅れてしまうことがあるので、負担をかけない程度に様子を聞いてみましょう。

○○ちゃん、少し具合が悪そうです。もしお熱が出たらご連絡させてください。

祖父母など頼れる親戚がおらず、子どもが園で発熱しても、代わりにお迎えに来る人が誰もいないというひとり親家庭もありえます。保護者の仕事が終わるまで園で寝かせておくなど、個別の対応が求められることになります。

着替えが入っていなかったようです。今日は園のものをお貸ししました。

何事もひとりでこなすため負担は大きいですが、少しずつできることを増やしてもらえるように働きかけましょう。**「園の服はお洗濯をして返却いただけると助かります」**など、お願いしたいことをわかりやすくお伝えします。

ケース8 日本語が堪能でない保護者の場合

連絡帳の悩み

外国籍の保護者がいます。来日して間もないようで、口頭ではある程度、日本語のコミュニケーションがとれますが、読み書きは難しいようです。連絡帳を通じたコミュニケーションはどのようにしていけばいいでしょうか？

★文例集などを作成します

連絡帳には日々どんなことが書かれるのか、翻訳を添えた文例集を作成してお渡しするといいでしょう。厚生労働省からも、保育園でよく使われる事例を、各国語で翻訳した文例集が出されています。

★相手の文化的背景を理解しましょう

外国籍の保護者の場合、日本人には想像しにくいさまざまな文化や習慣をもっています。特定の行事への参加が難しいことや、宗教の関係で食べられないものがある場合も。それらをひとつひとつ確認し、対応していくことになります。

文例

○○ちゃんは今日も元気でした。外で遊びました。

毎日の保育の様子は、できるだけ短く簡単な文章で伝えるようにします。保護者からの返答も日本語で書くことが難しければ、確認のサインだけはお願いしたり、イラストでその日の状態を知らせてもらうなどの工夫ができます。

お話ししたいことがあるので、17時半に来てください。

連絡帳だけではやりとりが難しい場合は、口頭で伝えたほうがいいでしょう。外国籍の方の場合、「お迎えの時に」と曖昧にお願いするよりも、はっきりと来てほしい時間を伝えたほうがいいようです。

わからないことがあれば、お会いした時に聞いてください。

わからないことは連絡帳でも口頭でもどんどん質問してもらいましょう。どうしても保護者とのコミュニケーションが難しいようであれば、２歳児くらいになれば、子どもを通じて伝えてもらうことも選択肢のひとつです。

○○ちゃんは食べてはいけないものはありますか？

宗教上、食べてはいけないものがある場合も。とても大切なことなので、これはしっかりと確認しましょう。アレルギー対応のように、食材を変更するなど対応が決まれば、「園ではこのように対応をします」と伝えます。

行事予定表をお渡しします。参加できないものは知らせてください。

日本ならではの行事を体験させたいと考える保護者もいますが、宗教上の理由で参加できない行事がある場合も。行事予定表を渡す時は、どんな行事なのか、参考になる資料なども一緒にお渡しするといいでしょう。

ケース9

連絡帳を書く人とお迎えの人が違う

連絡帳の悩み

連絡帳を書くのはいつもお母さんなのですが、お迎えには主にお父さんやおばあちゃんが来ています。連絡帳に書いてあった質問に口頭でお答えしたい場合、お母さん以外の人にお伝えするのでも問題ないでしょうか？

★基本的には書いた本人にだけ伝えます

連絡帳に書かれていた質問は、できる限り書いた保護者にだけ伝えたほうがいいでしょう。お父さんやおばあちゃんであっても「そんな質問をしたのか！」と驚かれ、思いがけないトラブルの原因にもなりかねません。

★連絡帳自体は他の子と同じように書きます

その日の保育の様子や成長が見られた点、保護者にお願いしたいことなどは、他の子どもと同じように連絡帳に書いて構いません。なかなか会えないからこそ、連絡帳でのコミュニケーションがとても大切になってきます。

対応例

育児に関する質問は他の家族には伝えないほうがベターです。

特におばあちゃんは世代の違いもあり、お母さんやお父さんとは育児の方針が違うことも。おばあちゃん、おじいちゃんがお迎えに来た際にも子どもの成長の様子などをお伝えして、コミュニケーションをはかるようにしましょう。

持ち物に関するお願いも準備をする保護者に伝えるようにします。

「今日、タオルをお願いしましたが入っていませんでした。明日、お持ちください」など、できれば口頭でも念押ししておきたい内容も、持ち物準備を担当する保護者に伝わらなければ意味がありません。必要なら電話で確認を。

伝えていいのかどうか迷った時は連絡帳を書いた保護者に電話で確認を。

これはお迎えに来た人に伝えてもいいかどうか迷った時は、電話で確認をしてもいいと思います。お母さんから**「おばあちゃんがお迎えに行きますが、おばあちゃんに伝えてもらって構いません」**と言われればそうしましょう。

困った時は

予定にない人がお迎えに来たら保護者に電話で確認をします

「今日はおじいちゃんがお迎えに行きます」など、事前に連絡がある時はいいのですが、まれに予定にない人がお迎えに来ることも。園ごとに対応に規定があると思いますが、念のため、保護者に「今日はおじいちゃんお迎えで大丈夫ですか？」と電話で確認するのがいいでしょう。

ケース10

トラブルやケガについて報告する場合

連絡帳の悩み

おもちゃを取り合っていた子ども同士がぶつかりケガをしてしまいました。たんこぶ程度ですみましたが、保護者には連絡帳でどのようにお伝えすればいいでしょうか？　口頭でお伝えする場合は、連絡帳には書かなくてもいいのでしょうか？

★責任は園にあると伝えます

ぶつかったのが子どもの不注意が原因だとしても、保育中であれば、事故を防げなかった園・保育者に責任があると考えなければいけません。「私が目を離した瞬間があったため」「止めるのが遅かったため」と保護者にも伝えます。

★口頭と連絡帳の両方で報告します

お迎えの際に口頭で伝えるとしても、連絡帳にも同じ内容を書きます。お迎えの時にすれ違いでお話しできない可能性もあるからです。口頭で伝える場合も「連絡帳にも書きましたが」と伝えておくと、保護者の安心につながります。

文例

私たちが止められず、お友だちとぶつかってしまいました。

「お友だちの頭と頭がぶつかって、たんこぶができましたが、すぐに冷やしました」と、どこに何がどのようにぶつかってケガをしたのか、そして、どのように対処したのかを詳細に書きます。相手の子どもの名前は書きません。

園庭でつまずいて転んでしまいました。管理が行き届かず、大変申し訳ありませんでした。

子どもひとりで転んだり、ぶつかったりした時も、あくまでも責任はそれを防ぐ環境をつくっていなかった園にあります。「○○ちゃんがつまずいてしまいました」など、子どもに責任があるような書き方は避けましょう。

誠に申し訳ありませんでした。以後、このようなことがないよう気をつけます。

子ども同士のトラブルであっても、子ども単独のケガであっても、園の責任には違いありません。**「園庭で遊ぶ際の保育者の配置などを見直します」**など、再発を防ぐ対策も伝えられると、さらに保護者は安心できます。

困った時は

ケガをさせた子どもの保護者にトラブルを伝える時は慎重に

ケガをさせた子どもの保護者にトラブルについて伝えるかどうかは、ケガの程度や保護者の性格にもよります。ただ、伝える時は「このようなことがあり、お友だちがケガをしてしまいましたが、これは園の責任です」と、保護者が責任を感じないよう徹底します。また、「相手の保護者に謝りたいので、お友だちの名前を教えてほしい」と言われても、トラブルの責任は園であるため、伝えないのが基本です。

ケース11

成長や発達に気がかりがある場合

連絡帳の悩み

２歳児の後半になっても言葉が出てこない子どもがいます。他にも視線が合いづらい、かんしゃくが激しいなど、気がかりなところがあります。保護者からは特に相談がないのですが、保育者からどのように伝えれば、受け止めてもらえるでしょうか？

★診断をするようなことは言いません

保育者は医師ではないので「○○くんは発達障害の傾向が見られます」と、病名を診断するようなことを言ってはいけません。あくまでも「このような点で気になるところがあります」と、成長・発達の観点からお伝えします。

★最終的な決定は保護者に委ねます

「気がかりがあるので、医療機関で受診してください」という言い方は避けます。あくまでも受診するかどうかを決めるのは保護者です。「もし心配なようでしたら、受診してもいいかもしれません」という言い方に留めます。

文例

おしゃべりが苦手なようで気がかりです。一度、おうちの様子を聞かせていただけませんか？

保育者が気になるところについて、保護者と直接話をしておいたほうがいいと思う場合は、**「園に来ていただくお時間をとっていただけないでしょうか？」**と伝えて、時間をつくってもらうようにしましょう。

園では激しく怒る様子が見られるのですが、おうちではいかがですか？

まだ保護者としっかり話すほどではないと判断するなら、園での気がかりな様子について伝えながら、家庭での様子も聞いてみましょう。保護者も実は気になっていたようであれば、対面で話す時間をとる約束をします。

最近、ちょっとイライラして落ち着かないようです。おうちでの様子はどうですか？

気がかりがはっきりしないものの、保護者から家庭の様子を聞くきっかけがほしければ、最近の気になる様子などを伝えつつ、家庭の様子を聞いてみましょう。保護者によっては「普通ですよ」と、あっさりした返答があることも。

園では少し心配していました。詳しくお話が聞けるとうれしいのですが。

保護者が特に子どもの様子について気にかけていないものの、保育者から見て対処が必要であると感じるのなら、一旦保護者の気持ちを受け止めたうえで、直接話せる機会をつくってもらいましょう。

少し、○○くんはのんびりさんのようですね。もし気になったら、いつでもご相談ください。

明らかに心配がある場合でも、保護者に逃げ道をつくっておくことは大事です。**「男の子は女の子に比べて、言葉が出るのは遅いですから」**など、少しほっとできるような言葉かけも忘れないようにします。

ケース12

子どもへの虐待が疑われる場合

連絡帳の悩み

気になるアザのある子どもがいます。保護者からは「階段から落ちてしまって」と言われましたが、何度か背中や足にたたかれたような痕（あと）がありました。他にも、食事を十分に与えられていないようなところも見受けられ、虐待ではないかと疑っています。

★保護者を責めず、安心して話ができる関係を築きます

虐待によるケガの可能性が高くても、いきなり「たたきましたか？」とは聞きません。虐待を疑われていると気づくと、園に来なくなってしまう保護者もいます。直接ゆっくりと話を聞く機会がもてるように、やりとりを続けます。

★園とのつながりが保てるような言葉かけを

子育ての方法がわからず、困り果てた結果、虐待をしてしまう保護者も。「お母さん、がんばっていますね。一緒に子育てしていきましょう」と、保育者や園は子育ての味方であり、保護者を応援していることを伝えましょう。

文例

最近、○○ちゃんに元気がなくて気になっています。おうちではどんな様子ですか？

はっきりと「お子さんをたたいていますよね？」と聞くのではなく、**「何かあったのではないかと心配しています」**という言い方をします。**「心配事があれば、お時間のある時にお話ししましょう」**と伝えてもいいでしょう。

今日も昼食をたくさん食べて、おかわりもしました。育ち盛りなのかもしれませんね。おうちでもたくさん食べていますか？

家庭で食事を十分に与えられていない様子が見られるなら、園でたくさん食べていることを伝えます。**「食欲が出てきましたね」「育ち盛りなのでしょうか」**など、食べることを肯定的に捉えているような表現をします。

おむつを毎日お持ちいただくのが大変でしたら、パックごとお持ちいただけますか？

着替えやおむつなど、持ち物を持ってこないネグレクトが見られる時は、他の家庭と同じことを求めても悪化する一方です。その保護者ができそうな形を見つけて、少しずつ提案していきましょう。

困った時は

「見なかったこと」にはせず 園長や主任とともに対応を考えます

虐待が疑われる場合、園として「見なかったこと」にはできません。すぐに主任や園長にも相談し、どう対応していくかを考えていきましょう。保護者に直接話を聞く時間がとれた時は、園長にも同席を頼みます。必要な場合は、自治体の保育課や児童相談所へ通告します。

ケース13

言いにくいことを書く場合

連絡帳の悩み

いつも午前中眠そうにしている子どもの保護者に、子どもを早く寝かせるようにお願いしたいです。保護者に不快感を抱かせずに、こちらの要望を理解してもらうには、どのようなことに気をつけて、お伝えすれば効果的ですか？

★子どものために必要なことだと強調します

就寝時間についてなら、「今の時期に体内時計が早寝早起きに対応してできあがらないと、将来、学校に行くようになってからも起きられなくなってしまいます」など、子どものよりよい生活に関わることだと理解してもらいます。

★保護者のできる範囲から始めてもらいます

今、22時に寝かせている保護者に、いきなり「2時間早めて、20時に寝かせましょう」とお願いするのは無理があります。保護者が「これならできるかも？」と思えるくらいの小さなステップからお願いし、進めていくようにしましょう。

文例

いつも園の保育にご協力いただき、ありがとうございます。

いきなり本題に入るのではなく、まずは**「いつもお世話になっております」「○○ちゃんも元気に成長していますね」**など、保護者の心がやわらぐようなあいさつから始めます。これによって、本題も聞き入れてもらいやすくなります。

○○ちゃんは今日も元気でしたが、午前中は少し眠そうでした。

まずは、子どもの成長が感じられるところや、園生活を楽しんでいる様子を、保護者と分かち合います。そのうえで、少し眠そうな様子が見られるために、十分遊べていないことが気がかりだと伝えます。

眠そうで元気に遊べない時があります。おうちでは十分睡眠がとれていますか？

「毎日眠そうにしていますので、もっと早く寝かせてください」とストレートに伝えてしまうと、保護者も「忙しい中でがんばっているのに！」と強い反発を感じます。睡眠について、気になっていることがわかれば十分です。

5分早く寝られたんですね！お母さん、がんばりましたね。応援しています。

保護者から「がんばってみます」と前向きな回答があったら、**「どのくらいなら、今より早く寝かせられそうですか？」**と聞き、保護者自身に決めてもらいます。たった5分でも早く寝られたことを喜ぶ保育者の様子に、保護者もやる気が芽生えます。

お子さんもがっかりした様子でした。ぜひ忘れ物がないようにお願いします。

忘れ物がないようにお願いする時も同様です。「持ち物がなかったせいで、子どもが悲しい思いをした」と伝えるほうが、ただ「明日は忘れないように持ってきてください」と伝えるよりも、保護者の心に響くものです。

ケース14

保護者からの要望に沿えない場合

連絡帳の悩み

保護者から「しばらく仕事が忙しいので、お迎え時間を30分遅くしてほしい」と要望がありました。要望に応えるためには閉園時間をのばさなくてはなりません。どのように伝えたら、保護者に要望を受け入れるのは難しいと理解してもらえるでしょうか。

★保護者の気持ちには最大限寄り添います

要望には応えられず、保護者の望む形にできないからこそ、「つらいお気持ちはとてもよくわかります」「お子さんのことをとても大切に思っているのですね」など、気持ちには寄り添う言葉かけをしましょう。

★自分のひとりの意見ではないと強調します

担任である保育者がひとりで導き出した答えではなく、「園の方針として」「園長に確認をしたところ」など、園全体として、保護者の要望が受け入れがたいものであると答えることで、納得してもらいやすくなります。

文例

★貴重なご意見をいただき、ありがとうございました。

言いにくいことを伝える時と同様に、最初は保護者への感謝の言葉から始めます。保護者にとって受け入れにくいことを伝えるからこそ、保育者は保護者に対して敵意がないことを理解してもらいます。

★あいにく、園の方針がありまして、ご要望にお応えすることは難しいです。

保育者ひとりの意見ではないことを伝えます。答える前には、他の担任や主任、園長とも、保護者からこのような要望があったことと、答えの内容を共有しておきます。保護者が園長などに直接たずねても、同じ回答ができるようにしましょう。

★こちらもいい方向に進むように、引き続き努力してまいります。

「担任を変えてほしい」など、無理のあるお願いをする保護者もいます。お願い自体を受け入れることはできませんが、**「貴重なご意見として参考にさせていただきます」**と、拒絶しているわけではないと伝えるようにしましょう。

★お気持ちはとてもよくわかるのですが、ご理解ください。申し訳ありません。

保護者の気持ちには寄り添いつつも、最終的に無理なものは無理であると理解してもらう他ありません。**「申し訳ありませんが」「ご理解をよろしくお願いいたします」**など、できるだけ丁寧に伝えるよう心がけます。

★確認してみたのですが、園の方針で難しいということでした。

自分ひとりでは対応できない要望であれば、ひとまず**「確認してみます」**としておきましょう。あやふやに「考えておきます」「何とかできないかやってみます」と答えてしまうと、要望が通ると受け取られてしまうので注意しましょう。

迷った時に使える！文頭・文末の言葉

連絡帳に書く文章は、できるだけ簡潔な表現で、的確に子どもの様子や保育者の思いを伝えること、そして、決して保護者を否定せず思いに寄り添うことが求められます。文頭・文末でよく使われる言い回し、さまざまな場面で活用できる便利な言い方を集めました。どう書こうか迷った時に、ぜひ参考にしてください。

文頭

感謝・お詫びの気持ち

- ご連絡いただきありがとうございます。
- ご意見をいただきありがとうございます。
- いつもご協力ありがとうございます。
- お心づかいありがとうございます。
- ご家庭の様子を知らせていただき、ありがとうございます。
- お忙しい中、大切なお時間をいただきありがとうございました。
- こちらの不注意でご連絡ができていませんでした。大変申し訳ありません。
- こちらの確認不足でご迷惑をおかけしました。
- ～のこと、お詫び申し上げます。
- ご意向に沿えず、申し訳ありません。

うれしい連絡・報告

- さすが○○ちゃんですね！
- ○○ちゃんも喜んだでしょうね！
- 思わず笑ってしまいました。
- ○○ちゃんは、～が大好きなんですね。
- 充実したお休みになりましたね。
- 楽しんでいる○○ちゃんの様子が目に浮かびます。
- そうですね。園でもよく～しています。
- よかったですね。安心しました。
- すごいですね！　その場にいられなくて残念です。
- ○○ちゃんから聞きました。(○○ちゃんが報告してくれました。)

心配事・相談事

- そうですよね。心配になりますよね。
- それは大変でしたね。
- ～のこと、承知いたしました。
- お気持ち、よくわかりました。
- 園ではいつもと変わらず過ごしていました。
- 元気な様子が見られて、安心しました。
- 本当に～ですよね。～するのもわかります。
- ～するのは、なかなか難しいですよね。
- 今は～でも十分だと思いますよ。
- ～してみるのはいかがでしょうか？
- お忙しいのに、がんばってらっしゃるんですね。

うれしい連絡・報告

- 元気いっぱいの一日でした。
- 笑顔がたくさんの○○ちゃんでした。
- とびっきりの笑顔を見せてくれました。
- これからの成長がますます楽しみですね。
- 来週はどんな表情を見せてくれるのか、楽しみです。
- そろそろ～できるのではと、楽しみにしています。
- 何事も積極的にチャレンジしていて、たくましさを感じます。
- 引き続き園でも試していきますね。
- 園でもがんばっていますよ！
- ～したところが、かわいらしかったです。
- 「～だよ」と教えてくれました。
- ～して、とても楽しそうでした。
- ～のような姿が見られました。
- ～している姿に、成長を感じました。
- ～するようになるのも、あと少しかもしれませんね！
- だんだん～する機会も増えてきて、楽しくなりそうです。
- 私たちもとてもうれしいです。
- ○○ちゃんの大好きな先生でいられるように、がんばります。
- 私も勉強になりました。
- ○○ちゃんとお話しできて、楽しいです。
- ○○ちゃんの優しい気持ちを感じて、心が温かくなりました。

心配事・相談事

- 園でも～していきますので、安心してください。
- どうぞ安心してお任せください。
- こちらでも様子を見ていきますね。
- いい方向に進むように努力していきます。
- 見守っていきたいと思います。
- 一緒に取り組んでいきましょう。
- 少しずつできるようになるといいですね。
- 焦らずに見ていきましょう。
- また様子をお知らせいたします。
- 確認して、わかり次第お伝えします。
- ○○ちゃんの様子に、気を配っていきますね。
- また、お気持ちをお聞かせください。
- 今後、気をつけて見ていくようにいたします。
- その後の様子も教えていただけるとありがたいです。
- どうぞお大事になさってください。
- また元気に登園してくれるのを待っています。
- 気になることがあれば、いつでもお知らせください。
- どんなことでも構いませんので、お聞かせください。

●監修者紹介

椛沢幸苗（かばさわ　さなえ）

社会福祉法人恵泉会中居林こども園理事長。1999年に設立した保育総合研究会代表を務め、会員の研究結果として保育所の教育や指導計画、保育課程作成に関する冊子の発刊にたずさわる。また保育所保育指針解説書作成委員を務める。

●スタッフ紹介

本文イラスト／とみたみはる　やまざきかおり
本文デザイン／Monji Mieko　Sekiguchi Eiko（有限会社Chadal）
原稿協力／古川はる香
編集協力／株式会社童夢
編集担当／横山美穂（ナツメ出版企画株式会社）

そのまま使える！ 0・1・2歳児連絡帳の書き方&文例BOOK

2021年　3月9日　初版発行

監修者　椛沢幸苗　　Kabasawa　Sanae,2021
発行者　田村正隆

発行所　株式会社ナツメ社
東京都千代田区神田神保町1-52　ナツメ社ビル1F（〒101-0051）
電話 03-3291-1257（代表）　FAX 03-3291-5761
振替 00130-1-58661

制　作　ナツメ出版企画株式会社
東京都千代田区神田神保町1-52　ナツメ社ビル3F（〒101-0051）
電話 03-3295-3921（代表）

印刷所　広研印刷株式会社

ISBN978-4-8163-6970-4　　Printed in Japan